本书为四川省哲学社会科学重点研究基地"四川网络文化研究中心"资助，课题名称为"数字时代医疗数据跨境流动的安全治理研究"（编号：WLWH24-22）

本书为四川省社会科学规划项目资助，课题名称为"重大突发公共卫生事件下对外医疗援助法律规制研究"（编号：SC21FZ020）

本书为中国卫生法学会—四川医事卫生法治研究中心联合项目资助，课题名称为"中国—东盟卫生健康共同体下医疗国际合作法律问题研究"（编号：YF23-Y03）

Personal Health
Information
Risks and Regulations

个人健康信息
风险与规制

刘 楠 等 ◎著

中国社会科学出版社

图书在版编目（CIP）数据

个人健康信息：风险与规制 / 刘楠等著. -- 北京：
中国社会科学出版社，2024.8. -- ISBN 978 - 7 -5227
- 4275 - 5

Ⅰ. D923.74

中国国家版本馆 CIP 数据核字第 2024Y2P535 号

出 版 人	赵剑英
责任编辑	张 林
特约编辑	张冬梅
责任校对	刘 娟
责任印制	戴 宽

出 版	中国社会科学出版社
社 址	北京鼓楼西大街甲 158 号
邮 编	100720
网 址	http://www.csspw.cn
发 行 部	010 - 84083685
门 市 部	010 - 84029450
经 销	新华书店及其他书店

印 刷	北京明恒达印务有限公司
装 订	廊坊市广阳区广增装订厂
版 次	2024 年 8 月第 1 版
印 次	2024 年 8 月第 1 次印刷

开 本	710 × 1000 1/16
印 张	13
插 页	2
字 数	209 千字
定 价	69.00 元

凡购买中国社会科学出版社图书，如有质量问题请与本社营销中心联系调换
电话：010 - 84083683

编委会名单

主　编　刘　楠（西南医科大学）

　　　　刘世彧（西南医科大学）

　　　　王增允（西南医科大学）

副主编　于　洋（西南医科大学）

　　　　徐琳卉（西南医科大学）

　　　　毕书峰（赤峰市疾病预防控制中心）

编　委　（以姓氏笔画为序）

　　　　王寒凝（西南医科大学）

　　　　邓　楠（西南医科大学）

　　　　余梦源（西南医科大学）

　　　　商茹煜（西南医科大学）

　　　　蒙伟淞（西南医科大学）

前　　言

在大数据时代，蕴藏丰富价值的个人健康信息不仅在医疗决策中扮演着关键角色，还在健康管理、公共卫生治理等社会多个层面都有着广泛的应用。通过对个人健康信息的分析和利用，我们可以实现更精准的医疗决策，更有效的健康管理，以及更具前瞻性的公共卫生政策支持。同时，个人健康信息也推动了科研的进步，并促进健康产业的发展，为社会提供更便捷的服务。

然而，数据化的个人健康信息与传统的健康信息相比，既具有自身的诸多优势，也同时存在固有的脆弱，信息安全问题亟待解决。通过界定个人健康信息的概念、范围和特征，梳理其发展的阶段，厘清其应用的流程及规范，进而分析个人健康信息在收集、加工、使用及删除等应用流程中产生的风险，以及基于大数据技术出现在信息应用中的潜在歧视和权利冲突。在此基础上，通过对个人健康信息国内外法律规制的框架、具体制度以及合规经验的分析，提出既能促进大数据技术在智慧医疗、健康产业等领域的顺利应用，也能形成切实保护个人健康信息安全的对策和建议。

第一章通过介绍个人健康信息的时代背景——大数据时代，了解大数据技术在健康风险预测、健康数据分析、个性化医疗、临床决策支持系统以及公共卫生管理领域的应用现状。在此背景下界定个人健康信息的概念、特征，梳理数据化个人健康信息的发展历程和应用概况，分析其在医疗决策、健康管理等领域的社会价值和作用。

第二章分别从商业健康保险以及医药电商平台等商业领域、疫情管控和疾病统计等社会治理领域、药品研发、临床试验以及基因与遗传研究等科研领域分析个人健康信息的应用现状,从收集、加工、使用到删除全流程梳理健康信息的应用程序、规范性要求及其存在的问题。重点对应用个人健康信息的成果之一——个人健康档案的建立与管理进行全面的介绍。

第三章分析在收集、加工、使用及删除个人健康信息中产生的风险,探讨基于大数据技术发生的不平等访问和利用健康信息、收集信息数据的潜在偏见、信息应用的优化缺乏公平性、信息应用的输出缺乏透明度等问题,以及个人健康信息的有效应用与信息主体的个人自主权、隐私权、知情同意权等权利冲突不断的问题。

第四章对个人健康信息的法律规制及框架进行深入探讨。从个人健康信息的法律界定及权益基础出发,系统梳理国内外法律规制的历史、现状与未来趋势,不仅有助于厘清法律保护的边界与路径,也能为医疗数据的开发利用提供有力的法治保障,以期在保障个人隐私与数据安全的同时,推动健康医疗数据的合规流动与高效利用。

第五章提出加强个人健康信息保护的系列建议和措施。首先,我国应全面完善个人健康信息保护的法规与政策框架,包括信息分类机制、监管体系、救济渠道以及行业自律性规范的完善。其次,明确个人健康信息的知情同意方式以及修正选择与退出机制来强化大数据应用中个人健康信息的知情权与选择权。再次,针对个人健康信息在大数据应用中可能会出现的泄露、滥用、非法利用等风险,应引入健康信息风险评估机制,厘清个人健康信息评估的目的、范围、方式、规模、种类、敏感程度以及法律责任等问题,保障个人健康信息的隐私安全。最后,针对大数据个人健康信息权属不明、算法偏见等挑战,应通过对信息去识别化处理、实时监测预警以提升健康信息的透明机制,通过区块链技术搭建个人健康信息共享平台、设计个人健康信息应用的共享激励智能合约和培养数据共享的专业人才,进一步细化个人健康信息的共享机制。

目　　录

第 一 章

个人健康信息问题概述

在当今信息时代，数据已经成为推动社会发展和科技创新的核心动力之一。其中作为医疗卫生领域中不可或缺的重要数据——个人健康信息，不仅是医生诊断疾病、制定治疗方案的重要依据，也是个人健康管理的基础。特别是在"智慧医疗"领域，大数据技术的应用已经成为进行医疗保健改革和提升医疗服务质量的关键因素。随着信息技术的飞速发展，大数据为医疗机构提供了更全面、更准确的患者信息，并为医疗决策提供了更科学、更智能的支持。同时，在大数据时代下，随着医疗技术的不断发展，越来越多的个人健康信息被数字化、电子化，这使得医疗数据能被更加方便地采集、存储和传输，并且对这些具有敏感和隐私特性的数据进行安全保护也愈发显得重要。

第一节 个人健康信息的时代背景——大数据时代

"大数据"一词及其所代表的相关技术伴随着互联网行业的迅猛发展而产生，在 20 世纪末至 21 世纪初始现端倪。当今社会，大数据以其庞大的规模、高速的产生与传输、多样的类型和丰富的价值而蜚声全球。同时，物联网的兴起和边缘计算技术的发展进一步推动了数据的产生和处理，使得数据分析变得更加深入、系统化和高效率，机器学习和人工智能的发展则为大数据分析提供了新的工具和方法。因此，大数据及其相关技术被誉为 21 世纪的"新型资源"，其影响已经渗透各个领域。例如，随着云计算技术的普及和发展，企业能够借助云服务提供商的基础设施更轻松地存储和处理大规模数据，在整个商业界利用大数据技术进行商业决策和市场分析等。而在健康医疗领域,大数据的应用也如火如荼,在以下方面发挥着巨大作用。

一　大数据与健康风险预测

在卫生健康领域,健康风险预测是一项至关重要的任务,而大数据技术的应用为这一任务提供了前所未有的机遇。健康风险预测是指利用大数据技术的方法,通过对个体健康数据进行综合评估,预测其患病风险和健康状态的变化趋势。2017 年,一项研究在英国 *Radiology* 期刊上发表,指出人工智能可以预测心脏病患者的死亡时间。在该项研究中,研究人员对256 名肺高压患者的心脏核磁共振扫描结果和血检数据进行了分析,人工智能软件监测了每位患者心跳时心脏3 万个不同点的运动状况,结合患者8 年的健康记录,可以识别导致死亡的异常情况,并预测未来五年的健康状况,该软件预测患者一年后仍存活的准确率约为80%。[1] 另外,据《科学公共图书馆·综合》杂志报道,英国诺丁汉大学开发了一种人工智能系统,能够根据各种医学指标和数据预测患者心脏病的发病风险,其自学的"人工智能"工具在预测心血管疾病方面比已建立的算法更准确。研究人员采用了准确率最高的机器学习方法,同时降低错误预警率,有助于减少对药物的滥用,从而减少对人体的不良影响。[2]

由此可见,大数据在健康风险预测中具有重要作用。首先,大数据技术能够收集和整合来自各个领域的海量数据,包括个体的基因组数据、临床数据以及环境因素等多维度数据,从而构建起健康风险模型。这些模型可以综合考虑各方面因素,从而实现对个体身体健康状况的精准预测。其次,大数据技术还可以帮助医疗机构和健康管理公司实现个人的健康管理和定制化服务。通过分析个体的健康数据,结合医学知识和专业指导,为个体提供针对性的健康管理建议和预防措施,从而有效降低患病风险、提升健康水平。

---

[1]　James Gallagher, "Artificial Intelligence Predicts When Heart will Fail", Radiology, 2017.

[2]　Dr. Stephen Weng, "Artificial Intelligence can Accurately Predict Future Heart Disease and Strokes, Study Finds", University of Nottingham, 2017.

二　大数据与健康数据分析

大数据技术在医疗健康数据分析中也发挥重大作用。一方面，通过大数据技术分析个体的健康数据，可以推动健康管理模式的转变，即实现从治疗型医疗向预防型医疗的转变，促进个性化医疗服务的普及，为人们提供更加全面、有效的健康管理服务，推动健康管理模式的转型升级。另一方面，健康数据的分析也蕴含着巨大的机遇，为医学研究和临床试验提供了新的手段和途径，可以加速科学研究的进程，推动医学科学的进步和创新。

然而，数据的质量问题一直是运用大数据技术分析时面临的一个难题。国与国之间，国内各地不同的医疗机构、系统中收集的数据都可能存在着差异，这给数据的整合和分析带来了一定难度。同时，数据收集和整合也常常面临一些技术和管理上的挑战，如数据格式不一、数据缺失等，这些问题都会影响到健康数据分析的准确性和可靠性。另外，健康数据分析同样涉及隐私保护的问题。个人健康数据的隐私保护涉及数据的安全存储、传输和处理等方面，而在数据共享和利用的过程中，如何保障个人隐私的安全成为一个亟待解决的问题。

三　大数据与个性化医疗

个性化医疗（Personalized Medicine）又称精准医疗，是根据患者的个体特征，如基因、生理状况和生活方式等，为其量身定制的最佳治疗方案。这种医疗模式与传统的"一刀切"方式相比，更能够满足患者个体差异化的治疗需求，达到治疗效果的最大化和副作用的最小化，已成为一种趋势。而个性化医疗的实现过程又与大数据密不可分。通过对海量的医疗数据进行分析和挖掘，大数据为制定个性化治疗方案提供了强有力的支持，成为医疗领域中一种不可或缺的重要工具。个性化医疗在实际中已经取得了许多成功的案例。2019 年，南方医科大学的研究团队利用多组学数据整合技术体系，将多组学分析应用于临床和转化医学中。他们通过运用全基因组关联分析并整合多组学数据，揭示了某种类风湿关节炎治疗失败的分子机制，以及肝炎肝癌转化过程中的驱动网络和演化规律。这种多组学整合建模分析为揭示疾病发生机制、判断药物疗效和制定个性化治疗方案提供了新的途径。①

　　传统医疗手段通过对患者的临床表现和特性的研究，加上他们的年龄、身高、体重、家族病史以及实验室检测和影像学检查的信息，由此来决策药品的选取、剂量与剂型。这种方法往往是消极被动的，只能在症状和体征出现后才开始治疗或用药，并且相同症状的患者会被给予相同的治疗方案。而相较于传统医疗，大数据背景下的个性化医疗则优势明显。首先，大数据能够通过分析个体的基因组数据，揭示潜在的遗传病风险和药物不良反应特征。例如，基因检测可以帮助医生更精准地预测患者对某些药物的反应，从而避免不必要的药物副作用。其次，大数据技术还能够对患者的生物标志物数据进行深入分析，辅助医生进行疾病诊断和治疗方案选择。例如，在癌症治疗中，通过跟踪肿瘤标志物的动态，可以实时调整治疗计划以增进治疗效果。

四　大数据与临床决策支持系统

　　医疗机构临床决策支持系统（Clinical Decision Support System，以下简称"CDSS"），是当今卫生健康领域中一项重要的技术创新，也是现代医疗信息技术的重要组成部分。它是一套利用大数据技术和人工智能算法，为医生提供诊断、治疗和护理等方面的决策支持的系统。通过整合临床数据、医学知识和患者信息，CDSS 能够帮助医生做出更加准确、及时的医疗决策，从而提高医疗服务的质量和效率。

　　医疗信息技术的演进支撑着 CDSS 的发展。从早期的规则引擎系统，到如今基于机器学习和深度学习的智能决策系统，CDSS 在技术上取得了长足的进步。最初的 CDSS 主要依靠事先编写的规则来支持医疗决策，这种方法受到规则的限制，无法处理复杂的医疗情境。随着大数据技术和人工智能算法的不断发展，CDSS 朝着智能化的方向发展，能够从大量的医疗数据中学习模式和规律，在临床实践中的应用场景也日渐丰富，不仅可以辅助医生进行临床诊断，还可以为药物治疗、手术规划等方面提供决策支持。在临床诊断方面，CDSS 可以通过分析患者的临床数据和医

---

① 《"大数据＋人工智能"破解个性化医疗难题》，载微信公众号"国家超级计算广州中心"2019 年 12 月 13 日，https：//mp. weixin. qq. com/s/Mr89LHSNk4pppUX_jlgUEQ。

学知识库，辅助医生做出更加准确的诊断；在药物治疗方面，CDSS 可以根据患者的个体特征和药物反应情况，推荐最合适的药物类型和剂量；在手术规划方面，CDSS 可以通过分析患者的影像数据和手术历史，辅助医生制定最佳的手术方案和操作路径。目前，典型的临床决策支持系统是全球最大的信息技术和业务解决方案公司（International Business Machines Corporation，以下简称"IBM"）的智能肿瘤会诊系统（Watson for Oncology），是一种基于人工智能的医疗决策支持系统，专门设计用于帮助医生制定癌症治疗方案。该系统结合了 IBM 的人工智能技术和众多医学专家的知识，可以提供个性化、精准的癌症治疗建议，以辅助医生做出更好的临床决策。

目前，中国临床决策支持系统的发展已经进入了规范化和标准化的阶段。2023 年 7 月 17 日，国家卫生健康委印发了《医疗机构临床决策支持系统应用管理规范（试行）》，该《规范》明确了 CDSS 的基本要求、医疗机构信息化基础要求、医疗机构 CDSS 的应用管理和安全保障等方面的内容①，为医疗机构开展 CDSS 应用提供了指导和规范。随着该《规范》的实施和推广，CDSS 将更好地为医疗机构提供决策支持，提升医疗服务质量和效率，保障医患双方的合法权益，推动"智慧医疗"建设迈上新的台阶。

五 大数据与公共卫生管理

2017 年 12 月 8 日，习近平总书记在中共中央政治局第二次集体学习发表的重要讲话中指出："要建立健全大数据辅助科学决策和社会治理的机制，推进政府管理和社会治理模式创新，实现政府决策科学化、社会治理精准化、公共服务高效化。"在移动互联网、云计算、物联网和社交媒体等的影响下，如何利用大数据等技术手段重塑公共政策模式，是政府改革的一个重要议题。② 在公共卫生领域，大数据技术对流行病学相关

---

① 《国家卫生健康委印发〈医疗机构临床决策支持系统应用管理规范（试行）〉》，载微信公众号"CHIMA"2023 年 7 月 29 日，https：//mp. weixin. qq. com/s/p25pMDIFIYA8_XzyqDEngQ。

② 秦浩：《大数据驱动的公共政策转型》，载微信公众号"中国党政干部论坛"2020 年 2 月 22 日，https：//mp. weixin. qq. com/s/tyrbeWTtwjvyBawNcZnyBQ。

的数据采集与分析、疾病的溯源与预警提供了丰富的数据资源和广阔的科研平台。同时,大数据对公共卫生政策的影响也是深远而多维的。它在相关政策制定与调整、资源配置与应急响应等方面发挥着重要作用,提升了政府部门对公共卫生事务的管理效率和决策质量。

(一) 大数据在流行病学中的应用

流行病学 (Epidemiology),是研究疾病在人群中传播、流行和控制的科学,是预防医学的一个重要组成部分。它专注于疾病在人群中的分布、发生率、传播途径以及影响因素等方面的规律和特征。流行病学的研究对象包括各种传染病、慢性病以及其他健康问题,其目的是通过对疾病的流行规律和影响因素进行深入研究,为制定有效的预防控制策略提供科学依据。流行病学通常采用病例调查、疫情监测、统计分析、数学建模等方法,以揭示疾病传播的模式、规律和风险因素,为公共卫生工作提供决策支持。

大数据技术为公共卫生机构提供了强大的数据采集和分析能力。传统的流行病学研究需要耗费大量时间精力进行数据采集和整理,而现代大数据采集技术则能够快速、自动地收集和整合各种健康数据,包括传统的医疗记录、疾病监测数据等,这为流行病学研究提供了更加全面、多样的数据来源。例如,在泰国、缅甸、越南、菲律宾和马来西亚等国家以及中国广东、澳门和香港等地区,登革热是一种常见的传染病,其传播速度和范围可能受到气候条件和社区中的疫情暴发因素的影响。通过分析社交媒体上用户的症状描述、活动安排和地理位置信息,可以实时监测登革热疫情的扩散情况。当社交媒体上出现大量用户报告急性发热、皮疹、出血和关节痛等症状时,公共卫生机构可以及时预料到可能出现登革热的暴发情况,并迅速采取加强疫情监管、控制传播途径等防控措施,以减少疾病的传播风险。

大数据技术还能够帮助建立疾病溯源和预警模型,及时发现疾病暴发的风险和趋势并预警。通过对海量的健康数据进行分析和挖掘,公共卫生机构可以发现一些隐藏在数据背后的规律和趋势,从而预测未来疾病暴发的可能性,并提前做好准备。在新冠肺炎疫情防控期间,人们开发了一种可以用于疫情的溯源追踪、有效预测和预警疾病的暴发和传播趋势的系统——拓尔思流行病学溯源追踪系统①。该系统通过对接疫情数据、疫情传播与溯源分析和疫情人员动态管控等功能，为公共卫生机构提供强大的数据支持和分析工具。通过系统收集和分析大量的健康数据，结合亲密接触人员的关联分析，建立起对疫情传播路径的深度追踪。该系统还能够快速识别密切接触者，评估疫情扩散范围和风险程度，从而实现及时的预警和防控措施。例如，系统可以分析确诊人员的活动轨迹和社交关系，找出潜在的传播链条，预测疫情可能扩散的区域和人群，为防控工作提供重要参考。

此外，拓尔思系统还能够通过绘制疫情热力地图和县级色温地图，直观展示疫情的传播态势和区域分布情况。通过热力地图和色温地图的动态展示，公共卫生机构可以及时发现疫情的热点区域和高风险地带，有针对性地采取防控措施，最大限度地减少疫情的扩散和影响。

（二）大数据对公共卫生政策的影响

在公共卫生政策制定与调整方面，大数据为政府部门提供了丰富的信息资源和数据支持。通过分析海量的健康数据和疫情数据，政府可以更好地了解公众健康状况和疾病传播趋势，从而制定出更加科学、精准的公共卫生政策。以新冠疫情为例，中国各级政府采用大数据技术进行疫情监测和预测、及时调整防控策略、实施封控措施、推广疫苗接种，有效遏制了疫情的传播，保障了公众健康。另外，在资源配置与应急响应方面，大数据的应用极大提高了公共卫生部门的精准优化资源和应急响应的能力。在地震、疫情暴发等突发公共卫生事件中，大数据可以通过实时监测和分析人员流动、疫情传播等信息，及时预警并调配医疗资源、人员力量，有效降低地震灾害造成的人员伤亡和经济损失。一项调查显示：用大数据精准预测地震，每年将有 1.3 万人免于受难。以 Terra Seismic 公司的地震预报系统为例，该系统通过监测卫星数据和地基设施，每天收集地震活动相关数据，并利用自主开发的定制算法分析地震风险。这一创新利用卫星和气象数据结合统计分析，成功预测了多起大地震事

---

① 《大数据助力流行病学调查》，载微信公众号"拓尔思大数据"2020 年 2 月 24 日，ht-tps：//mp.weixin.qq.com/s/WLokKBNbLH7－7ErgQmQFaQ。

件，精准度达到了惊人的90%。[①]

第二节　大数据时代个人健康信息的界定、特征与发展

一　个人健康信息的界定

个人健康信息（Personal Health Information）是指在疾病防治与预防、体检、诊断、检查等过程中涉及的个人身体与心理的健康状况、家族病史等信息。[②] 大数据时代下，个人健康信息的重要性不言而喻，它不仅为医生提供了全面的患者健康状况视角，有助于更准确地辅助疾病诊断，也是个人进行自我健康管理的基础，为智能化管理提供了数据支撑和决策依据，促进个体健康水平的提升。随着医疗技术的不断发展，越来越多的个人健康信息被数字化、电子化，这使得医疗数据得以更加方便地记录、存储和传输。通常认为，一个完整的个人健康信息主要包含内容见表1-1：

表1-1　　　　　　　　个人健康信息包含的主要内容

项目	示例
基本信息	姓名、性别、出生日期、联系方式等
家族病史	如父亲患有冠心病，母亲患有糖尿病等
个人疾病史	如高血压（诊断时间：2018 年，治疗方式：药物治疗）等
过敏史	如对阿司匹林过敏等
免疫接种记录	如于＊年＊月＊日接种乙肝疫苗
就诊记录	包括就医时间、就医医院、就医科室、主要症状、诊断结果、医嘱等内容
检查报告	包括血压、血糖、心电图等指标
手术记录	如在＊年＊月＊日做过阑尾炎手术
生活方式信息	包括饮食习惯、运动习惯、吸烟情况、饮酒情况、睡眠质量情况等
心理健康信息	包括心理健康状态、心理压力来源和情绪波动等
健康监测数据	包括心率检测、运动检测和睡眠时长等

---

① 《【祈福】用大数据精准预测地震，每年将有 1.3 万人免于受难》，载微信公众号"造就"2017 年 8 月 9 日，https：//mp. weixin. qq. com/s/4sudPtMp_KlVsV4mbdtNQA。

② Jones W. P. , Teevan J. , *Personal Information Management*, University of Washington Press, 2007.

与传统的个人健康信息相比较，数据化的个人健康信息具有诸多特征和优势。两者主要具有以下显著区别：第一，实时性不同。传统个人健康信息需要手动记录和整理，更新不及时，可能无法反映个体的最新健康状态；数据化个人健康信息可通过实时监测设备和健康应用软件等实现数据的即时采集和更新，可以及时反映个体的健康变化。第二，可追溯性不同。传统个人健康信息主要在纸质或电子表格中存档，存在查找和追溯困难的问题，且容易丢失；数据化个人健康信息通过数字化管理，可以轻松追溯历史记录，保留了完整的健康历史轨迹，有利于医生进行病例分析和诊断。第三，可承载的数据量不同。传统个人健康信息受限于纸张或电子表格的容量，信息量有限，承载的数据量有限；数据化个人健康信息可以涵盖更多的健康指标和数据，数据量更大、更全面。第四，所容纳的数据种类不同。传统个人健康信息主要是基本的医疗记录和检查报告等，类型并不多；数据化个人健康信息不仅可以包括传统个人健康信息所有的数据，还可以涵盖生活方式、运动习惯和饮食偏好等更多方面的信息，全方位地记载了个人健康状况，为个性化健康管理提供更多可能性。第五，记录和保管方式不同。传统个人健康信息往往是以纸质或电子表格的形式记录在医疗机构的档案中，主要由医生、护士等医护人员负责记录和管理；而数据化个人健康信息则是指将个人健康数据以数字化的形式记录和管理，通过各种智能设备、传感器以及健康管理应用等收集、分析和呈现个人健康信息。

二　大数据时代个人健康信息的特征

个人健康信息直接关系个人的隐私权和健康状况，一旦被泄露或滥用可能导致个人信任受损、社会歧视等不堪设想的后果。鉴此，我们必须充分认识健康医疗大数据下个人健康信息的基本特征，对于个人健康医疗数据相关的隐私保护，我们必须予以高度重视。

（一）更强的敏感性

个人健康信息的敏感性可以从两种角度解读：一方面是指在个人信息处理过程中，对信息主体产生侵害或影响的可能性大小；另一方面也意味着信息主体对这些潜在侵害或影响的可接受程度。具体来说：首先，个人健康信息作为深度反映个体的生理、心理甚至遗传特质的数据，具有极强的私密性。这些信息一旦被泄露或不当使用，可能会对个人生活、工作甚至社会关系造成严重影响。其次，个人健康信息具有极强的身份识别性。对这类数据的挖掘和分析可以揭示出个体的生活习惯、健康状况、家族病史等多种敏感信息。这些信息不仅可以用于精准医疗、健康管理等领域，也可能被用于商业营销乃至电信诈骗等违法犯罪，给个人的社会形象、经济利益等造成潜在威胁。此外，大数据、人工智能等技术的运用使得健康信息的收集、处理和分析变得前所未有的便捷和深入，医疗健康领域迎来发展机遇的同时，个人健康信息的泄露及滥用风险也大大增加。

（二）更高的集成化应用价值

个人健康信息的集成化应用在多个领域展现出了巨大的潜力和价值。

在医学研究领域，个人健康信息的整合与分析为疾病研究提供了新的方向和视角。研究人员能够利用全面、系统的健康数据来深入探究疾病的发病机理、影响因素以及治疗效果，不仅有助于加快医学研究的进程，还有助于推动精准医疗和个性化治疗策略的发展。而政府卫生部门通过对海量健康数据的监测和分析，及时掌握疾病流行趋势、人群健康状况等信息，制定出更科学合理的公共卫生政策，提高政策的针对性和有效性。此外，个人健康信息的集成化应用有助于解决医疗资源分配不均以及利用率低下的问题。通过对不同地区、不同医疗机构的健康数据进行整合分析，可以识别医疗资源的实际需求和潜在浪费，进而优化医疗资源的配置，提高医疗服务的可及性和质量，更好地满足公众的医疗健康需求。同时，通过对海量健康数据的挖掘和分析，企业可以开发出更多符合市场需求、具有创新性和实用性的医疗健康产品和服务，从而推动医疗健康产业与其他产业的融合发展，形成更加完善、高效的医疗健康生态链。

（三）更强的便利性及社会公益性

与此同时，技术的进步为个人获取和管理自己的健康信息带来了前所未有的便利。通过智能手机、可穿戴设备等智能终端，人们可以轻松获取自己的生理指标数据；借助互联网上的健康管理应用，可获得个性化的饮食、运动和治疗建议；而远程医疗服务的兴起，更是让人们在家就能享受到相对专业的医疗咨询和诊疗服务。这些变化不仅提升了个人健康管理的效率，也在一定程度上缓解了医疗资源的紧张状况。尽管个人健康信息带有强烈的私人属性，但其公共价值同样不容忽视。健康医疗数据不仅是个人健康状态的记录，有助于个体了解自己的身体状况，也在某种程度上关联着社会的整体福祉：在医疗机构中，这些数据被用于疾病监控、预防策略制定以及医疗资源优化配置；对医药企业而言，它们则是新药研发、临床试验和治疗方法改进的重要依据；政府部门在应对突发公共卫生事件时，也需要依赖这些信息进行决策，以最大限度地保护公众健康。

总体而言，个人健康信息作为具有敏感性和特殊性的数据，承载着个人隐私、尊严乃至生命安全等重要权益，并且其特殊性在大数据应用场景下仍在被持续放大，对相关法律保护制度的设计提出了更高要求。欧盟早在 2018 年就出台了《通用数据保护条例》（*General Data Protection Regulation*，以下简称"GDPR"），该《条例》在第三章中将涉及健康、性生活或性取向的数据视为敏感数据，对于数据的收集、处理和存储提出了严格的规定，要求数据处理者必须获得数据主体的明确同意，确保数据安全性和隐私性。我国近几年也一直致力于打造健全的医疗健康数据合规体系。2021 年通过的《中华人民共和国个人信息保护法》（以下简称《个人信息保护法》）对个人信息的收集、存储和处理都作出了明确的规定，其第二章第二节对个人健康信息等敏感信息作出了要求；2022 年 8 月，国家卫生健康委、国家中医药局、国家疾控局联合印发《医疗卫生机构网络安全管理办法》，在该《办法》中，有一个独立的章节专门明确了对数据安全的要求①，涵盖了数据保护义务、组织架构、分类分级管理、管理制度和技术规范、全生命周期安全管理、共享和人脸识别安全以及数据销毁等多个方面，旨在确保医疗卫生机构在数据处理过程中严格遵守法律法规，保障个人信息安全和数据安全。

二　大数据时代个人健康信息的发展历程

随着健康监测设备的普及，越来越多的个人健康信息可以被记录和收集。例如，智能手环、智能手表等可穿戴设备可以实时监测个人的运

---

① 参见简书官方网站，https：//www.jianshu.com/p/63671b1961a1，2024 年 2 月 6 日访问。

动量、睡眠质量等健康数据;智能健康 App 可以记录用户的饮食习惯、心理健康状态等信息。这些数据不仅帮助个人随时了解自己的健康状况,还可以通过大数据分析提供个性化的健康建议和预防措施。其中,大数据技术在"智慧医疗"领域的应用已经成为医疗保健改革和提升医疗服务质量的关键因素。随着信息技术的飞速发展,大数据为医疗机构提供了更全面、更准确的患者信息,并为医疗决策提供了更科学、更智能的支持。在"智慧医疗"的大背景下,电子健康记录作为数字化医疗信息管理的核心,更是扮演着至关重要的角色。电子健康记录(Electronic Health Record,以下简称"EHR"),意为个人官方的健康记录,是指利用数字化技术收集、存储、管理和传输患者医疗信息的系统,旨在提高医疗保健的效率和质量。EHR 的出现标志着医疗信息管理的数字化转型,极大地改变了传统医疗记录的方式。EHR 的发展历程可以追溯到 20 世纪 60 年代始,随着信息技术的发展和数字化医疗的推进,EHR 主要经历了以下几个阶段的演进。

第一,起步阶段(1960—1980 年)。在这个阶段,EHR 的发展并不是很明显,医疗记录主要还是以纸质形式存在。医生、护士以及其他医护人员需要手写记录患者的诊疗信息、检查结果等。虽然早期的计算机技术已经开始应用于医疗领域,但由于技术限制和成本等因素,EHR 的普及和推广进展缓慢。第二,基础建设阶段(1990—2000 年)。这个阶段是 EHR 发展的关键时期。随着计算机技术的进步和互联网的普及,一些医院和医疗机构开始建立自己的电子病历系统。这一阶段的系统主要是将医疗信息以电子文档的形式存储在计算机中,但由于技术限制和成本等因素,普及程度较低。第三,规范统一阶段(2000—2010 年)。随着医疗信息化的不断深入和健康信息技术的发展,EHR 逐渐进入规范化和标准化阶段。各国政府加大了对 EHR 的推广力度,出台了一系列标准和规范,以促进不同系统之间的数据交换和共享。第四,普及阶段(2010 年至今)。随着大数据、云计算和人工智能等新技术的应用,EHR 得到了更广泛的应用和普及。越来越多的医疗机构开始建立全面的 EHR 系统,实现了医疗信息的全面数字化和智能化管理。

据统计,截至 2022 年全球已有超过 80% 的医疗机构使用了 EHR 系统。它的功效主要体现在:首先,该系统提升了信息共享和信息协调。

一方面，医疗信息可以在医疗团队内部进行共享和传递，这使医生可以随时随地查阅患者的病历和治疗记录，提高了医疗质量和效率以及医护人员之间的协调性，有助于提供更加连贯的医疗服务；另一方面，在不同医疗机构之间就诊时，医生可以通过共享的电子健康记录快速了解患者的病史，避免重复检查和诊断，提高了医疗效率，也为患者提供了更加便捷的就医体验。其次，该系统提高了医疗服务的质量和安全性。智能化 EHR 可以详细、准确和完整地记录患者的医疗信息，包括过往病史、诊断结果、用药记录等信息，这有助于医生做出更加准确的诊断和治疗计划，避免因信息不完整或不准确而导致的医疗错误。最后，该系统使信息获取和管理更加便捷。相比过往的纸质病历，智能化 EHR 可提供更加便捷和高效的医疗信息获取和管理方式。医护人员可以通过电子系统轻松访问患者的医疗记录，查阅过往病例、检查报告等，节省了查找和整理信息的时间。

未来，随着人工智能、大数据分析等技术的不断成熟和应用，EHR 将进一步向智能化、个性化方向发展，可以通过分析大数据来为医生提供更准确的诊断和治疗建议，为患者提供更个性化的健康管理服务。同时，EHR 系统还将与其他新技术相结合——如基因组学、生物传感技术等，使医疗服务的质量和效率进一步提升。我国在 2022 年发布了《"十四五"全民健康信息化规划》，该《规划》指出，我国在未来几年将着力推进动态健康码等个人健康信息的规划，将在 2025 年前初步建设形成统一权威、互联互通的全民健康信息平台，支撑保障体系，这意味着每个居民将拥有一份动态管理的电子健康档案和一个功能完备的电子健康码。该《规划》还要求基本实现公立医疗卫生机构与全民健康信息平台联通全覆盖，这将有助于医疗卫生机构之间信息的互通共享，提高医疗卫生服务的效率和质量。

第三节 数据化个人健康信息的应用概况

一 信息挖掘与深度分析

数据化个人健康信息与通常大数据的技术处理一样，首先要进行信息的挖掘。数据挖掘技术对个人健康管理和医疗决策具有重要的意义和价值，是个人健康信息向数据化个人健康信息转化的第一步。通过挖掘个人健康信息，可以获取有关个人的更全面、准确的健康数据，为采取下一步的医疗决策提供更为科学的依据。同时，个人健康信息的挖掘还可以帮助发现潜在的健康风险和疾病趋势，实现疾病的早期预测并及时干预，从而有效降低疾病发生率和医疗成本。机器学习和人工智能是信息挖掘和分析最为常见和有效的技术手段。通过对大量的健康数据进行分析和学习，机器学习和人工智能可以发现数据之间的潜在关联和规律，从而实现对个人健康状况的深度分析和预测。例如，可以利用机器学习算法对个人的基本健康数据进行分析，预测患某种慢性疾病的概率，并提供相应的预防措施和健康建议；人工智能技术可以通过对医学文献、临床案例等信息的分析，为医生提供更准确的诊断和治疗建议，从而提高医疗决策的水平和效率。

二　智能存储与可视化管理

智能存储技术在个人健康信息管理中发挥着重要作用，它能够确保健康数据的安全性、可靠性和便捷性。个人健康信息管理中常见的智能存储技术应用主要有分布式存储和云存储。通过分布式存储技术，个人健康信息可以在多个节点上进行存储和备份，提高了数据的安全性和完整性。针对个人健康信息数据量庞大、种类繁多，且需要实时地访问和更新的特性，云存储技术可以将它们安全地存储在云端服务器上，用户可以通过网络随时访问和管理这些信息，无须担心出现数据丢失或损坏的问题。

可视化管理工具通过图形化界面展示个人健康信息，使用户能更直观地了解自己的健康状况，并帮助他们制订和执行健康管理计划。以下是一些常见的可视化管理工具及其在个人健康信息管理中的作用。

第一，健康管理软件及其作用。健康管理类的移动应用程序为个人提供了一个集中管理健康信息的平台。用户可以在应用中记录自己的体重、运动量和饮食习惯等数据，App 通常提供图表、统计数据等可视化工具，直观地展示用户的健康状况和变化趋势，帮助用户更好地了解自己的健康状态，并制订相应的健康管理计划。常见的健康管理软件有小湃健康、聚能巧充和 My Fitness Pal 等。

第二，智能穿戴设备及其作用。智能穿戴设备是一类具有智能化功能的可佩戴式科技产品，通常与智能手机等设备连接，实现数据采集、数据监测和健康管理等功能。这些设备通常包括手表、手环和眼镜等，通过这些设备可以实时监测用户的运动情况、实时心率和睡眠质量等健康数据，并将这些数据同步到手机或电脑上进行可视化管理。用户可以随时查看自己的健康数据，了解自己的运动和睡眠情况，从而调整生活方式和健康习惯。

三　脱敏化处理

随着健康数据的数字化和网络化，为了有效保护个人隐私，脱敏化处理技术应运而生。脱敏化处理是指通过对个人健康信息中的敏感数据进行去标识化或加密处理，以保护数据的隐私性和安全性。其核心目的在于削弱数据的可识别性，使得即使数据被泄露或非法获取，也无法对个人的身份和隐私信息进行有效识别。该技术已成为一种重要的隐私保护手段，其对于防止个人隐私泄露、数据滥用以及避免不必要的风险具有重要意义。在个人健康信息共享和交换中，脱敏化处理技术发挥着重要作用。在医疗数据共享平台上，各医疗机构可以将患者的健康信息上传共享，但在共享过程中需要对敏感信息进行一定脱敏化处理，通过脱敏化处理技术将敏感信息去标识化，再进行数据交换。这样可以在数据共享的同时，又能最大限度地保护患者的隐私。

脱敏化处理技术包括数据加密、数据匿名化和数据模糊化等多种方法。数据加密是指对健康信息进行密码学算法处理，将原始数据转化为一段看似随机的密文，以确保数据在传输和存储过程中不被未经授权的人所访问；数据匿名化则是将个人健康信息中的身份识别信息（如姓名、身份证号等）替换为虚拟标识或匿名编码，从而消除个人身份的可识别性；数据模糊化也称数据泛化，是指通过对数据进行模糊化处理，降低数据的精确度，以保护个人隐私。

四　高级分析与深度挖掘

高级分析技术在个人健康信息中的应用已经成为医疗领域的一大亮点，其广泛应用为健康管理和医疗决策提供了更深层次的支持和指导。

通过自然语言处理、图像识别和基因组学数据分析等技术,可以对个人健康信息进行更深度的挖掘和智能分析,为个体提供更精准、更个性化的健康管理服务。

自然语言处理技术(Natural Language Processing,以下简称"NLP")是 AI 领域的一个重要分支,是能够使计算机理解、解释和生成人类的自然语言。自然语言处理技术可以帮助医疗机构对医生的诊断报告和病历记录等文字信息进行自动分析和理解,从中提取出关键信息,帮助医生更快速地了解患者的病情,制定相应的治疗方案。

图像识别技术(Image Recognition Technology,以下简称"IRT")是一种人工智能领域的技术,其主要目标是使计算机系统能够识别、理解和分析图像或视频中的内容,就像人的眼睛和大脑一样。这种技术基于机器学习和计算机视觉等领域的理论和方法,通过训练计算机系统来识别图像中的各种对象、场景和特征。IRT 在个人健康信息中的应用具有重要意义。利用图像识别技术,可以对 X 线片、CT 扫描等影像数据进行智能分析和识别,辅助医生进行疾病诊断和治疗。

基因组学数据分析技术是指对基因组数据进行处理、解释和挖掘的一系列方法和工具。基因组学是研究生物体全基因组的结构、功能、演化和调控的学科领域,而基因组学数据分析技术则是为了理解基因组数据所蕴含的信息而开发的技术手段。随着基因测序技术的不断进步,个体的基因组数据越来越容易获取。通过对基因组数据的深度分析,可以揭示个体的遗传特征、疾病风险等重要信息,为个体提供个性化的健康管理和预防服务。

高级分析技术在个人健康信息中的应用为健康管理和医疗决策带来了全新的机遇和挑战。通过自然语言处理、图像识别等技术,可以更准确地理解和分析个体的健康信息,为健康管理和医疗服务提供更有力的支持。同时,通过基因组学数据分析、影像诊断辅助等技术,可以更深入地挖掘个人健康信息中的潜在规律和价值,为医学科研和临床实验提供新的思路和方法。

第四节　个人健康信息的价值与作用

大数据时代下的个人健康信息蕴藏着宝贵价值并对个人健康甚至人类生命的质量起着重要作用。个人健康信息不仅在医疗决策中扮演着关键角色，还在健康管理和社会层面都有着广泛的应用。通过对个人健康信息的分析和利用，我们可以实现更精准的医疗决策，更有效的健康管理，以及更具前瞻性的公共卫生政策支持。同时，个人健康信息也推动了科研的进步，并促进健康产业的发展，为社会提供更便捷的服务。由此，我们将全面了解个人健康信息的重要性及其在各个领域的实际应用。

一　个人健康信息在医疗决策中的作用

在医疗决策中，个人健康信息不仅仅是医生诊断和治疗的参考依据，更是预防疾病、管理健康、实现个性化诊疗的关键。这主要体现在以下四个方面。

其一，个人健康信息在医疗决策中的首要作用是辅助临床决策。个人健康信息可以为医护人员提供有关患者健康状况的全面视角，有助于医护人员更加全面地了解患者的病情。通过分析个人健康信息中的数据趋势和模式，医护人员可以更准确地辅助诊断，提高诊断的准确性和及时性。例如，一位有高血压病的患者，医生可以通过分析其血压监测数据和生活习惯，更准确地对其采取相应措施，实现更好的血压控制；同时，相关病史和治疗记录可以帮助医生评估患者的治疗反应和疾病进展情况，从而有助于制定下一步的治疗方案。

其二，对个人健康信息的分析不仅有助于治疗已经发生的疾病，还可以在疾病出现前进行预防和管理。通过监测患者的健康数据，医生可以及早发现患者潜在的健康风险，并采取相应的预防措施，降低患病的风险。例如，一位患者家族中有心血管系统相关疾病史，医生就可以根据其个人健康信息以及人工智能等技术，制定预防相关疾病的方案，从而降低患心血管疾病的风险。

其三，个人健康信息还可以实现个性化诊疗，提高治疗效果。个人健康信息是实现个性化诊疗的基础,没有个人健康信息,医疗机构就无法为患者量身定制适合的诊疗方案。只有基于个人健康信息的个性化诊疗方案才可以满足患者的个体化需求,提高治疗的针对性和有效性。例如,一位患肺癌的病人,对其个人健康信息的分析可以帮助医生确定最适合该病人的治疗方案,包括手术、化疗和放疗等,同时考虑到患者的个人特点和身体状况,还可以减少治疗的不良反应和并发症,提高治疗成功率。

其四,个人健康信息支持公共卫生决策,成为重要的决策依据。通过大数据分析个人健康信息,政府和卫生健康机构可以更准确地了解社会人群的健康状况和疾病的流行趋势,从而指导一些公共卫生政策的制定和应急措施的落实。例如,在疫情暴发期间,政府可以通过分析个人健康信息,实时监测疫情传播感染动态,及时采取控制措施,保护公众健康。

二 个人健康信息在健康管理中的作用

健康管理(Managed Care)是指对个人或人群的健康危险因素进行全面管理的过程,以最大限度地发挥个人和集体的积极性,在有限的资源内达到更好的健康效果。在中国,健康管理服务由具有执业资格的健康管理师提供。自"十三五"规划以来,我国提出了"大健康"的理念,将提高全民健康管理水平置于国家战略的高度。在这一战略背景下,健康管理服务的发展方向逐渐从"治疗"转向"预防"。政府将重点放在提升民众的自我健康管理意识上,通过推广健康教育、普及健康知识等措施,引导民众更加重视自身健康,主动采取健康管理措施,从而提高整体健康水平和生活质量。以广西壮族自治区为例,为解决看病过程中的痛点和难点,广西壮族自治区卫生健康委员会着手加快建设互通共享的健康信息平台,以信息共享减轻就医负担,持续解决看病重复建档、重复检查等问题。[①]

---

① 《广西:加快建设互通共享的健康信息平台》,载微信公众号"E 医疗"2023 年 6 月 9 日,https://mp.weixin.qq.com/s/Gmhz-6toGr8KzPahexcu0A。

个人健康信息与健康管理密切相关，二者相辅相成，共同促进个体健康水平的提升。具体体现在：首先，个人健康信息是健康管理的基础，为健康管理提供了强大的数据支撑和有力的决策依据。通过收集、分析和利用个人健康数据，健康管理平台以及专业人员可以实现更精准、有效的健康管理服务。例如，健康管理师可以根据客户的健康数据制订针对性更强的健康管理计划，从而帮助客户进行更有效的健康管理。其次，对个人健康信息的获取和使用可以促进个体自我管理意识提升并付诸相应行动。通过了解自身健康数据，民众可以更清晰地认识到自己的健康状况和患病风险，从而激发其积极参与健康管理的行动。民众还可以利用健康管理平台进行健康数据的管理和监测，规划健身计划、膳食安排等，并通过记录相关的数据、接受专业指导，积极参与自我管理，提高健康水平。最后，对个人健康信息的管理和共享有助于提高医疗资源的利用率，进而提高医疗服务质量和降低医疗成本。通过建立健康信息共享平台和医疗数据互通系统等，医疗机构可以对患者的相关健康信息进行实时交流和共享，可以更准确地了解患者的健康状况和就诊需求，合理调配医疗资源，提高医疗服务的效率和质量。同时，个人健康信息的共享还可以减少医疗信息的重复采集和存储，降低医疗成本，实现医疗资源的优化配置。

三　个人健康信息的其他社会价值和作用

大数据时代下个人健康信息的社会价值是多方面的，它不仅在支持医疗决策和健康管理领域发挥重大作用，还推动医学的科学研究，促进了健康产业的发展，为人们提供了更加智能、便捷和个性化的健康服务。首先，在医学研究领域，个人健康信息已成为医学科研的宝贵数据资源，为新药研发、疾病诊断技术的创新提供支持。医疗科研人员可以通过分析大数据库中的个人健康信息，发现疾病的发病和传播机制、风险因素和治疗效果，为临床医学提供更有效的诊疗方案。其次，个人健康信息的广泛应用促进了健康产业的发展。在大数据时代，个人健康信息被广泛应用于健康管理、医疗器械等领域，不仅推动了健康产业的快速发展，还为实现经济增长和增加就业机会提供了新的动力和机遇。健康管理平台可以通过分析个人健康信息，为用户提供个性化的健康管理服务；医疗器械制造商可以根据大数据分析结果,设计更适合患者需求的医疗器械。这些应用都促进了健康产业的繁荣与发展,为经济增长和就业机会的增加做出了积极贡献。

第 二 章

个人健康信息的应用及其流程

在大数据时代下，个人健康信息在商业、行政以及科研等领域应用广泛。其中在商业领域，个人健康信息主要应用于各国商业健康保险以及医药电商平台；在行政领域，个人健康信息被大量应用于疫情管控和疾病统计工作中；在科研领域，药品研发、临床试验以及基因与遗传研究大量应用个人的健康信息。作为一种数据信息，个人健康信息的具体应用流程包括收集、加工、使用和删除等过程，每一环节均有其各自的原则和规范。

第一节 个人健康信息的应用领域

一 商业领域的应用

（一）商业健康保险

商业保险是指以人的身体为保险标的，使被保险人能够获得因疾病或者意外事故所遭受的直接或者间接损失补偿的保险。在我国目前的医疗保障体系中，商业健康险处于补充层，对主体层基本医疗保险和托底层大病保险等起到补充保障作用。目前，我国正在探索将基本医疗保险与商业健康险相融合，打造多层次保障体系。根据国务院《关于深化医疗保障制度改革的意见》[①] 可知，我国未来商业健康险的发展将分为三步

[①] 参见中共中央、国务院《关于深化医疗保障制度改革的意见》，载中华人民共和国中央人民政府网，https：//www. gov. cn/zhengce/2020 - 03/05/content_5487407. htm，2024 年 2 月 5 日访问。

进行，第一阶段是以基本医疗保险促进商业健康险的发展，尽力保障每位公民看得起病且看病费用较为优惠；第二阶段是使基本医疗保险与商业健康保险协同发展，帮助患者选择优质医疗资源，实现"看得好病"；第三阶段是以商业健康保险促进相关健康产业发展，推动各种健康产业持续繁荣，以事前预防为主，降低事后赔付率。而在这三个阶段，保险公司在设计保险产品、推广业务的过程中都需要收集和使用个人的健康信息。

（二）医药电商平台

医药电商平台是指通过互联网进行医药产品销售和配送服务的电子商务平台。在我国，目前的医药电商平台在运作过程中，入驻平台的商家会根据所收集信息进行分析挖掘，对某个人或者某一群体提供精准的推送意见，用以增加用户性，提升产品销售量。因此，电商平台商家在与消费者订立线上订单、回复咨询以及后续在处理订单或者提供个性化推荐时，都会收集有关客户的个人健康信息。

二　行政领域的应用

（一）疫情管控

疫情管控属于政府应对突发公共卫生事件的职责之一，在整个管控过程中无法避免地需要获取感染患者以及疑似患者的健康数据，进而作出针对性的决策。可见，个人健康信息在疫情管控中发挥了重要作用：一是识别危险源、控制疾病传播；二是预测和报警；三是提供应急决策。政府通过收集患病个人的健康数据并在限定范围内予以公布，能在一定程度上阻止疾病传播，提示社会公众采取适当措施防护自身安全。同时，有关部门也可以联合各大企业利用互联网、云计算等技术手段分析疫情演变趋势，为各地区各部门提供警示。

例如，在疫情防控期间，我国主要采取"接触追踪"技术[①]，也即通过互联网大数据平台对每个公民的行程变更、地理位置等进行收集分析，从众多数据中找出感染者群体和疑似患者群体。"接触追踪"技术的数据

---

① 洪凌啸：《论疫情防控中个人信息的数据利用与保护》，《地方立法研究》2022 年第 4 期，第 50—51 页。

来源是电信网络平台的数据和各类生活类 App，包括但不限于出行软件和外卖软件等。在整个收集与披露过程中，我国有关部门始终坚持合法、正当和必要的原则，努力平衡个人隐私与公共利益之间的关系。欧盟在疫情防控期间处理个人信息的合法性基础为 GDPR 的第 6 条和第 9 条，这两条都是对个人信息合法使用的规定，前者针对一般情况，后者针对特殊类型个人数据。美国在疫情防控期间处理个人信息合法性基础为《健康保险携带与责任法案》（Health Insurance Portability and Accountability Act，以下简称"HIPAA"）。该法案对涉及患者隐私的条款进行了部分豁免。在紧急情况下，允许医疗机构共享患者的医疗信息，患者不再享有请求隐私限制的权利。①

（二）疾病统计

疾病统计是指通过收集分析与某一疾病有关的信息，发现疾病的发病规律、演变趋势等指标，以用来评估一定区域范围内居民的健康状况。在疾病统计中，有关部门通常将个人信息用于传染病防治与监控、死因统计与分析。在传染病防治方面，卫生部门会对收集的数据进行分析，发现传染病分布与演变规律，便于及时追踪与隔离。在死因统计与分析方面，卫生部门会利用死亡证明进行死因统计和分析，得出死亡率演变趋势与死亡疾病排名情况等。在这一过程中，死者的个人健康信息将会被收集。

三　科研领域的应用

（一）**药品研发与临床实验**

个人健康信息是药品研发和临床实验的重要数据来源。在药物研发前，研究人员可以通过收集和分析患有特定疾病人群的健康数据，了解疾病的特点和表现，进而筛选出适合进行药物研发的目标人群。在药物研发阶段，研究人员在进行临床试验时需要收集参与者的健康信息，包括病史、体格检查、实验室检查等，以评估参与者的健康状况是否符合试验要求。确定符合资格的参与者后，研究人员会采用知情同意书的方

---

① 时诚：《疫情防控中个人信息使用的合法性基础》，《图书馆建设》2020 年第 3 期，第 84 页。

式告知受试者试验目的、内容、可能产生的后果以及信息的存储和保护问题。通过对受试者的个人健康信息进行分析和比较，研究人员可以评估试验药物的疗效和安全性，为药物的注册和上市提供重要依据。

（二）基因与遗传研究

个人健康信息中的遗传信息对于基因与遗传研究至关重要。通过对个人基因组数据的分析，研究人员可以了解个体的遗传特征、基因变异与疾病的关系等，有助于揭示疾病的遗传机制和开发个性化的诊疗方法。而对于遗传信息的使用特别需要注意是否违背人类伦理、"基因编辑"等触碰人类伦理底线的科学研究应该被禁止。

第二节 个人健康信息的应用流程

个人健康信息的应用流程是指个人健康信息从收集到删除的全过程，具体包括信息的收集、加工、使用与删除。在大数据时代下，各类主体通过对个人健康信息进行收集、分析与整合，深入挖掘数据内涵从而获得更多的信息收益。同时，世界各国对个人健康信息的使用大都加以限制，并规定了个人信息主体在特殊情况下具备删除权。

一 个人健康信息的收集

（一）收集的原则

1. 知情同意原则

知情同意原则又称告知同意原则，是指信息收集者在获取个人信息时应当向被收集者充分履行告知义务，并在得到被收集者的同意后按照告知内容收集个人信息。其中，告知是指收集主体将其收集的目的、方式和时间等通过各种方式向信息主体传达；同意是指信息主体对收集等相关行为的授权。同意分为两种方式，一是明示同意，如网络用户在隐私政策收集页勾选同意选项；二是默示同意，如信息主体明知特定场所配置有监控，选择进入且不离开该区域。

在中国，告知同意的内容包括一般规定和特别规定。一般规定共涉及两个层面。第一个层面是指告知主体需明确透露其身份和联系方式，这是为了保护信息主体对其个人信息所享有的自决权，包括但不限于查阅、复制、更正等权利。第二个层面是指告知主体有义务向信息主体告知处理信息的目的、方式、收集的信息种类和保存期限。首先，处理信息的目的是指告知主体必须基于某一特定、明确的目的处理信息而不能超过该目的范围。其次，处理信息的方式是指告知主体必须明确告知采用方式、信息的处理流程等。再次，处理信息的种类是指告知者必须明确收集信息的种类。个人信息通常可以划分为敏感信息和非敏感信息，对于敏感信息，一旦泄露将会给信息主体造成难以估量的损害，因此告知主体负有更高的注意义务。最后，关于个人信息的保护期限，保护期限越长越容易产生信息安全问题，因此在收集信息时会明确告知保存期，一旦保存期已过，信息主体有行使删除权的权利[①]。特别规定通常涉及个人信息的二次利用或者信息收集主体发生变更的情况。在这两种情况下，告知主体因超出原来的收集范围或者信息收集主体的变更而应当重新征求被收集者的同意。关于告知义务的履行方式，需要注意以下几点。第一，告知义务的履行时间。告知义务需在着手实施收集信息的行为前履行，倘若在收集信息的行为后履行，则会被认定为非法收集行为。第二，告知义务的语言表述。由于个人信息的处理具备高度的专业性和信息的不对称性，若使用专业术语或者过于笼统含糊的语言表述将会导致信息主体难以理解的局面，从而侵犯其自决权。因此，告知主体应当以一种显著且清晰易懂的语言表述方式履行其告知义务。第三，告知义务的方式。告知义务的履行方式分为单独告知与统一告知两种。单独告知是指告知主体与信息主体通过一对一交流获得授权的一种方式。统一告知是指告知主体通过制定统一的信息收集模板向不特定多数人提供告知内容的一种方式。常见的统一告知形式有"隐私政策""临床试验知情同意书"等。

在国外，告知同意原则有其不同的表现形式。欧盟对个人信息的保护采用严格的监管模式。自 GDPR 颁布之后，欧盟对"同意"作出了更为细化的规定。在该条例规定的框架下，有效的同意需具备四个要素：（1）自主同意。信息主体做出同意的意思表示需基于其自由意愿，告知

---

① 程啸：《论个人信息处理者的告知义务》，《上海政法学院学报》（法治论丛）2021 年第 5 期，第 76—79 页。

主体不能采用胁迫、强迫等方式强制要求获取授权。(2) 目的特定具体。告知主体需明确其处理信息的目的,该目的必须是具体的而非概括的,可以是单个具体目的也可以是多个具体目的。(3) 在知情情况下做出。信息主体必须在充分了解处理信息的目的、手段、可能产生的不利后果后作出决定。(4) 明示同意。信息主体必须以清晰明确的方式作出同意,其形式包括但不限于书面的和口头的形式,但不能是默示同意。[1] 美国对个人信息保护也在一定程度上体现了告知同意原则,但并没有像欧盟一样形成严格的保护体系,而是散见于不同行业领域的规定中。美国的《消费者隐私保护法案(草案)》(Consumer Privacy Bill of Rights Act of 2015)提出了场景与风险理论。该理论认为个人信息合法使用的边界受多种因素影响,处于不断变化之中,其中"场景"是指对信息主体接受程度的影响因素,"风险"是指信息处理者处理信息时可能给信息主体带来的人身、财产等方面的危害。[2] 当信息处理者的处理行为符合信息主体在特定场景的合理预期时,可以无须经过同意;当超出特定场景的合理预期时,会对风险进行评估,由信息主体决定是否撤回信息。而美国加州颁布的《加州消费者隐私法案》(California Consumer Privacy Act)在规定信息处理者需遵循的告知义务外,仍保护了消费者的撤回权。从上述美国较有代表性的两部法案可见,美国的知情同意原则体现了一种弱化同意的倾向,可以有效缓解严格执行知情同意原则所带来的效率不高的问题。

2. 目的限制原则

目的限制原则包括目的限制与使用限制两方面。目的限制是指信息处理者实施处理信息行为时的目的是明确、合理的,不得超范围收集。使用限制是指信息处理者在利用信息时应当控制在初始目的范围内,超出该范围则被法律所禁止。对于上述两方面,有部分学者主张将其分别适用于信息的收集阶段与使用阶段,认为两者之间不存在关联性。对此,以徐伟红等为代表的学者持批评意见,认为目的限制原则是使用限制的

---

① 王雪乔:《论欧盟 GDPR 中个人数据保护与"同意"细分》,《政法论丛》2019 年第 4 期,第 138—140 页。

② 顾文静:《论个人信息保护的告知同意原则》,硕士学位论文,中央民族大学,2021 年。

逻辑起点，二者之间是密不可分的关系，共同构成评价目的是否合法合理的标准①。

在我国，目的限制原则体现于《个人信息保护法》第 6 条第 1 款的规定。② 该条规定处理个人信息应当具备明确、合理的目的。"明确"是指处理信息的目的应以清晰简洁的语言被表述，并且该目的具备一定的限定范围。"合理"是指应当根据具体情况具体分析，在个案中尽量平衡和协调信息处理者与信息主体等多方主体的利益。除此之外，还可以从以下两个方面理解目的限制原则。一是使用行为与初始目的间的关联性。此处的关联性通常包括直接关联性与合理关联性。直接关联性是指使用信息的行为处于该初始目的的范围内。例如，李四在某平台订购牛奶，平台每次送货时使用李四的个人信息就具有直接关联性。合理关联性在我国主要采取列举式的规定，《信息安全技术个人信息安全规范》（2020）中规定，将个人信息用于学术研究以及对经济、自然等有利的方面具备合理关联性。

二是采取对个人利益损害最小的方式。这就要求信息处理者在有多种方案能实现处理目的时，应选择对个人权益影响最小的方案。

在国外，目的限制原则的表现形式各不相同。欧盟采取了兼容性判断标准。在目的限制层面，欧盟规定需满足"特定""明确"和"合法"三个要素。"特定"是指信息处理者在收集信息前应确定好其处理信息的目的，若后续需要变更目的仍应告知信息主体。"明确"是指信息处理者应使用清楚无误的语言表述特定目的，尽量避免使用高度概括性语言，能够让信息处理者、信息主体和第三方主体等达成统一理解。"合法"是指信息处理者在处理过程中应当符合现有法律的规定，不得超出法律规定的范围。在使用限制层面，为了确保信息的正常流通，欧盟规定信息处理者的后续处理行为可以与初始目的范围保持一致，也可以在不违反初始目的的情形下做出。由此可见，后续的处理行为虽然超出了初始目

---

① 徐伟红：《大数据时代环球个人信息法律保护之目的限制原则适用研究》，《中国安防》2021 年第 7 期，第 109 页。

② 《个人信息保护法》第 1 条第 1 款："处理个人信息应当具有明确、合理的目的，并应当与处理目的直接相关，采取对个人权益影响最小的方式。"

的，但在与初始目的存在适当关联时是被法律所允许的。美国从保护个人隐私的角度采取了场景与风险理论，以具体的场景与该场景下人们的合理期待为基础，符合合理期待处理行为被认为是合理的。在日本和韩国，法律中明确规定了信息处理者处理信息的目的必须是明确、有范围的，并且后续的处理行为与初始目的间需存在合理联系，不能超越处理目的。从这点上看，日韩两国对目的限制原则的规定与我国和欧盟存在相似之处。

3. 准确性原则

准确性原则又称质量原则，是指个人信息处理者应当保证其收集的个人信息处于准确无误的状态，以防止个人信息错误给有关信息主体的合法权益造成损害。根据这一原则，个人信息处理者应当在处理信息过程中采取各种技术和措施以及时检查信息准确性，对明显错误的信息予以更正。该条原则在多个国家的法律中得到体现，比如在我国《个人信息保护法》的第 8 条。① 欧盟制定的《一般数据保护条例》第 5 条第 1 款（d）规定："个人数据应当是准确的，如有必要，必须及时更新；必须采取合理措施确保不准确的个人数据，即违反初始目的的个人数据，及时得到擦除或更正。"日本的《个人信息保护法》第 22 条规定："个人信息处理者应当在实现使用目的所需要的范围内，确保个人数据的准确和更新，并在不再需要使用时，努力及时消除个人数据。"

（二）收集的类型

1. 电子病历

关于电子病历的含义，从不同的角度分析可以得出不同的理解。从存储方式的角度看，电子病历采取的是与纸质病历完全不同的存储记录信息的方式，但也能够完整地反映纸质病历的全部内容。从信息传输角度看，电子病历能够在医生之间、护士之间、医护之间乃至医院各科室之间流通，充当信息交流的媒介。从提供服务的角度看，电子病历在医疗创新研究、医学教育等方面发挥着重要作用，是从事相关工作的重要数据来源。综合以上观点得出，电子病历实质是一种记录与患者身体健

---

① 《个人信息保护法》第 8 条："处理个人信息应当保证个人信息的质量，避免因个人信息不准确、不完整对个人权益造成不利影响。"

康状况有关的医学记录的电子信息载体，不仅能够反映患者病情变化过程，还能充当交流媒介与重要数据来源。

在通常情况下，根据患者就诊流程及临床诊疗工作特点，电子病历可以分为门诊电子病历、急诊电子病历与住院电子病历。根据用途划分，可以分为通用电子病历与专用电子病历。电子病历的形成通常分为三步，即电子病历的建立、入院接受检查和出院提交档案（见图2－1）。在第一步，患者需在医院就诊处或者住院处挂号，并向医院工作人员提交个人身份证明信息，待审核通过后，医院会向患者分配专属的电子病历号，作为电子病历系统的标识号。在第二步，患者在接受入院检查后，会产生医生的诊断书、医学影像记录、医院护理信息和手术信息等一系列医学记录，这些记录会自动或需手动填写到系统中。在此阶段，患者的病历信息处于不断更新之中。在第三步，患者办理出院手续后，医院出具出院证明，有关工作人员提交电子病历存档。

电子病历建立　　　　　入院接受检查　　　　　出院提交档案

| 挂号、提交身份证明、分配专属电子病历号 | 医生出具诊断书和治疗方案、患者接受各种治疗 | 患者办理出院手续，医院出具出院证明书，电子病历 |

图2－1　电子病历形成过程

2. 移动医疗应用软件

对移动医疗应用软件的定义目前尚无统一定论。美国食品药品监督管理局（Food and Drug Administration，简称"FDA"）从临床角度出发，认为移动医疗 App 是一种能够在移动终端上正常运行的医疗程序类应用软件。[1] 学者徐倩指出，移动医疗 App 是安装在移动终端平台的一切应用程序，其目的是健康促进和疾病预防，其功能包括提高医院工作效率、

---

[1] Policy for Device Software Functions and Mobile Medical Applications，FDA（September 2022），https：//www.fda.gov/regulatory-information.

进行数据计算与跟踪、提升用户健康意识等。① 综上，移动医疗 App 是指
存在于移动终端的涉及医疗方面的应用软件，其主要功能有健康管理、
病情咨询和预约挂号等。

根据不同的分类标准，移动医疗应用软件可分为不同种类。根据使
用人群进行分类，可以分为专门针对女性、儿童和老年人的医疗应用软
件。根据用户需求来分，可以分为针对专业人士和非专业人士的应用软
件。根据功能的不同，移动医疗 App 可以分为以下几类：（1）在线寻医
问诊类。该类 App 的主要运作模式是：患者在线上咨询个人健康问题，
由医生给出治疗方案，如患者欲享受更优质服务则需支付一定价格。
（2）预约挂号类。这类应用软件通常由平台和医院合作，医院将一部分
号源权分配给平台，再由平台收集用户需求同步到医院。（3）医药电商
服务类。此类 App 主要通过将医药产品与用户和企业连接起来，逐渐发
展出 O2O、B2C、B2B 模式，很好地将线上与线下、产品与用户相结合。
（4）健康管理类。此类 App 主要通过收集用户各种健康数据，包括但不
限于睡眠时间、运动记录和饮食记录等，根据所收集信息为用户定制专
门的健康方案。（5）互助分享类。此类 App 运作模式是依靠用户在同样
的频道建立关联，并在该频道提供经验分享、病友互助等功能。

目前，移动医疗应用软件收集个人信息的方式主要通过制定隐私政
策，即在用户下载注册应用软件时，软件开发商会在其制定的隐私政策
上标明信息收集的种类、目的、信息泄露的风险、存储期限等。用户在
作出授权后，系统会收集个人信息并向开发商反馈。对特殊群体——尤
其是未成年人，隐私政策需标明在监护人同意之下使用。在未经同意获
取未成年人信息时，开发商应当自觉删除。以我国某运动健康类软件为
例，在其隐私政策中标明了收集的信息包括个人基本信息、地理位置信
息、行踪轨迹信息、步数信息和生理信息等。

3. 可穿戴医疗设备

可穿戴医疗设备是指将传感技术与日常生活服饰相结合，通过贴身
穿戴的方式收集有关个人心率、血压、睡眠质量等一系列数据的新型设
备。根据传感器所处的位置不同，可将传感器分为植入型和穿戴型。植

---

① 徐倩等：《移动医疗 App 研究现状及启示》，《医学信息学杂志》2015 年第 9 期，第 9 页。

入型设备在目前大多处于研发阶段，比较少见。例如，植入智能手机，将智能手机屏幕植入人体中。又如，可与医生对话的网络药片，该药片不仅能与智能手机连通，还能与医生对话，向医生"发短信"。穿戴型设备是近年来常见的一种类型，包括手环、眼镜、衣服等，其中，因具有便携性与体积小等特点，可穿戴手环是使用类型最广的一种。根据传感器的种类不同，可以分为生物传感器、运动传感器与环境传感器。生物传感器用来采集生理信息，运动传感器用来监测运动情况，环境传感器用来监测环境状态。根据采集模式不同，可以分为定时采集、需要时采集与不间断采集。根据功能的不同，又可以分为监测型设备、治疗型设备、康复型设备等。

可穿戴医疗设备的工作原理是：用户通过佩戴传感设备，传感器或者电路芯片通过感知用户的身体状况变化，实时采集各种数据，并将所采集到的数据反馈到电脑或者移动终端，以供相关主体查阅或分析。目前可穿戴医疗设备被广泛运用于监测、治疗以及康复训练中。在监测健康情况方面，有人研究出了远程心脏监护系统，由智能心电节点、移动健康平台和智能手机 App 组成。用户应当先佩戴智能心电节点，由该心电节点将采集到的数据传输到智能手机上，待智能手机分析数据得出结果后，用户根据结果调整佩戴位置，智能手机再次进行测量得出结果，并利用算法技术分析心率是否正常。最后由移动健康平台将分析结果反馈至医生处，由医院进行判断。[①] 在治疗疾病方面，某公司发明了可穿戴的胰岛素泵，患者将其穿戴在脚上，若该胰岛素泵监测到患者血糖水平不正常，会自动向患者体内注入胰岛素，较为有效地降低了糖尿病病发危害。在康复训练方面，有人发明了一款帮助帕金森患者克服冻结步态的可穿戴设备。[②] 该传感器需要佩戴在病人的脚踝处，当监测到患者的步伐出现明显缓慢、停滞等状态时，该传感器会将信息传送到智能手机上，由智能手机播放有节奏的音乐提示帕金森患者正常行走。

[①] 赵君豪：《浅谈可穿戴设备在人体健康监测领域的应用与发展》，《电子世界》2018 年第 1 期，第 67 页。

[②] 黄海诚、汪丰：《可穿戴技术在医疗中的研究与应用》，《中国医疗设备》2015 年第 1 期，第 4 页。

4. 生物传感器

生物传感器是将对生物物质敏感的材料与适当换能器组成的检测仪器。其工作原理是:先将待检测物质固定在生物材料上(包括酶、抗体、抗原、蛋白质、微生物等),待分子识别后发生生物反应,再由物理、化学等换能器将该生物反应转化为电信号。[①] 传感器通常由两部分组成,一部分是生物可识别分子元件,主要作用是使生物敏感材料与待检测物质发生生物反应;另一部分是适当的换能器,主要作用是将前一阶段生物反应转化为电信号,并传输至信号处理系统(见图2-2)。

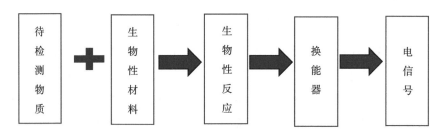

图2-2 生物传感器原理

生物传感器的常见分类标准是生物分子识别元件和换能器的不同。以生物分子识别元件为标准,可以分为酶传感器、免疫传感器、细胞传感器、组织传感器与微生物传感器。以酶传感器为例,酶是一种由蛋白质组成的物质,作为生物材料具有选择性好、灵敏度高等特点。葡萄糖酶传感器现今已广泛地被运用于检测血液中的血糖含量,在一定程度上提高了糖尿病检测效率、节省了诊治时间。乳酸测定仪是一种应用酶来检测人体运动和代谢过程中的乳酸量的仪器,对于康复训练或者制定科学的运动计划具有指导作用。[②] 以换能器为标准,可以分为光生物传感器、热生物传感器、声生物传感器、半导体生物传感器与化学生物传感器等。以声生物传感器中的超声波传感器为例,其工作原理是利用声波介质对待测物质进行检测。在日常生活中,医院所使用的B超就运用了此原理。B

① 鲁然:《生物传感器在医学领域中的作用》,《当代医学》2009年第24期,第36页。

② 佟巍、张纪梅、佟长青:《生物传感器在医药领域中的应用研究》,《中国临床康复》2006年第5期,第126页。

超的探头通过扫描人体内部的组织发生反射，由信息处理系统处理，这些反射产生的声学信息会以声波、图像等方式显示在屏幕上，供医生诊断。

5. 数据共享

数据共享是指数据提供者遵循一定的标准将数据提供给其他组织和个人使用的行为。数据共享的主体通常为医疗机构、政府部门、个人、医疗健康企业等。因而从共享主体及其关系可以将共享模式划分为以下几类：第一，双边共享。双边共享是指医疗数据在两个数据主体之间的流通过程。例如，医疗服务机构将数据提供给医学科研机构或者医疗健康企业。第二，多边共享。多边共享是医疗数据在两个以上数据主体间流通的过程，其中数据提供方或者数据接收方都可以为多方。多边共享又可以细分为内部共享与外部共享，内部共享是指在医院内部各科室、各人员之间传输数据；外部共享是指数据提供者将其数据同时提供给多个使用者。第三，公开访问共享。这种共享模式适用于非敏感信息，且其对象为不特定的多数人，较为典型的例子即是政府的卫生行政部门将其公共卫生数据公布，以供不特定人查阅。第四，受控制的访问共享。这种模式适用于敏感信息，其针对特定的对象。该模式可以分为集中式与联合式，前者的典型代表为日本，后者的典型代表为英国。①

关于医疗数据共享，国内外组建了不同的大数据项目。在加拿大，Infoway 公司创建了 Health Infoway 平台，通过该平台患者能够异地实现注册与接受医疗，并能同步其电子健康医疗记录。美国的"全美医疗信息网"计划（NHIN）于 2004 年提出，主要是通过将区域内的卫生信息组织收集到的数据进行整合，实现医疗数据的交换与共享。在我国，中南大学创建的"湘雅临床大数据系统建设项目"不仅使患者就医产生的医疗数据能够传输至数据处理平台，也能够使患者可以随时查询其就诊信息。除此之外，湖北省省级远程医学平台的建立也促进了远程医疗的发展，带动了国内医疗数据的共享。②

---

① 陈怡：《健康医疗数据共享与个人信息保护研究》，《情报杂志》2023 年第 5 期，第 193—194 页。

② 马灿：《国内外医疗大数据资源共享比较研究》，《情报资料工作》2016 年第 3 期，第 64—65 页。

二 个人健康信息的加工

个人健康信息的加工是指对信息进行处理的过程。具体而言,个人健康信息的加工包括存储和分析两步,前者是指对相关的健康信息进行保存和管理的过程,后者是运用各种技术对已收集到的信息进行分类、深入挖掘的过程。

(一) 个人健康信息的存储

1. 存储的主体

个人健康信息的存储主体包括个人、医疗机构、医疗工作者和第三方服务提供商。个人可以通过使用记录软件或者专门的健康管理系统来记录自身健康情况,在有需要时可直接向医生和专业人员提供相应数据。医疗机构可以通过将患者的健康信息录入电子健康记录系统,从而达到存储目的。医疗工作者在与患者接触和沟通时会及时记录患者的病情、体征变化和治疗方案等信息。第三方服务提供商作为某一存储平台或者系统的开发者和提供者,往往需要对存储在其提供的平台或者系统中的个人健康信息履行妥善保管的义务。

2. 存储的方式

个人健康数据的存储方式包括纸质存储、健康数据库与健康平台、电子存储和区块链存储四种方式。纸质存储是将相关的个人健康信息记录在纸上的一种存储方式,具有易于保存和阅读的特性。尽管随着技术的不断发展,各级医疗机构采用电子记录的频率更高,但在影像存储、医药信息管理等方面也保留着纸质存储方式。健康数据库是指用于存储和管理众多个人健康信息的系统,是健康平台数据的重要来源。健康数据平台是一个综合性平台,涵盖了数据的存储、分析和查询等多种功能。因而,健康数据库与健康数据平台间存在紧密关联,前者可以视为后者的一个组成部分。以某医院的大数据平台为例①,该平台共由三个层面组成,分别是基础设施层、数据整合层和应用服务层。基础设施层包括计算资源、存储资源等内容;数据整合层主要运用各种工具对数据进行分

---

① 师庆科等:《医疗健康大数据平台建设实施路径探索》,《中国数字医学》2023 年第 1 期,第 19 页。

析整理、分类存储；应用服务层将分析整合后的数据加以利用，运用到具体的医疗服务当中。电子存储是指将数据以电子形式存储在各种设备和系统中。以电子病历信息的存储为例，电子病历信息存储应当遵循一定步骤，先由医院内部各科室将医疗影像记录、手术记录、患者住院记录和出院记录进行虚拟打印并进行归档，再由相关管理人员对病历页数、内容等逐一审核，审核成功后点击提交，由系统保存。在上述整个存储过程中，数据持有者通常会对数据采取各种技术措施，如数据加密、访问控制、数据备份等，以防止电子病历信息被滥用或泄露。区块链是一种链式数据结构，由各个不同的节点按照时间顺序连接形成数据块。① 区块链通常由网络层、数据层、应用层、智能合约层和共识层组成。② 区块链作为一种新兴技术，其具有去中心化、加密性与可追溯的特点。去中心化是指区块链的每一个节点都保存了相关的信息，并且其中任何一个节点被破坏也不会引起整个区块链的崩坏。换言之，区块链技术采用分布式存储的方式，往往体现为多点存储。加密性是指区块链采用加密存储的方式，并且每个节点均存在备份，无论是访问还是修改均需通过验证。可追溯是指区块链中的数据操作行为均会被记录，能清楚地保留数据操作痕迹。

（二）个人健康信息的分析

个人健康信息的分析是指对个人健康信息数据进行归纳与整理的过程，涉及多种不同的分析方式。以医疗人工智能为例，医疗人工智能算法是指将人工智能算法技术应用于医疗领域，帮助医生解决诊断、治疗和健康管理等医疗问题的具体方法和步骤，包括黑盒、白盒、基于模型和基于数据等算法。随着"深度学习""知识图谱"等人工智能算法技术的不断发展，医学领域与算法技术不断融合，医疗人工智能算法已经被应用于辅助诊断、患者监测和医学影像等多个方面。例如，某系统能够

---

① 张剑、夏启、赵雅萍：《基于区块链技术的电子病历数据存储系统研究》，《中国医疗设备》2021 年第 7 期，第 106—107 页。

② 俞成功、丁静：《基于区块链的健康医疗大数据平台构建》，《电子技术与软件工程》2020 年第 6 期，第 177—178 页。

用自然语言描述从数据中提取的疾病信息，从而形成知识图谱，为患者推荐个性化治疗方案。[①] 又如，医疗人工智能算法可以通过分析处理医学影像的成像和手术视频，帮助医生进行判断和治疗。

医疗人工智能算法的逻辑共有三个层面，即嵌入逻辑、概率逻辑和效率逻辑。嵌入逻辑是指人工智能算法被置入诊疗程序中，该算法通过学习，将相关的健康信息加以保存，并在经过分析和推理之后匹配与患者最相符合的案例，为患者提供个性化治疗方案。[②] 概率逻辑是指将疾病问题分解为若干小子集，算法系统根据场景或者现实需求将各种分散的数据进行整合，并提取共性规律，为解决子集问题做出反馈。效率逻辑旨在通过对健康问题进行分析和处理，希望以最小成本和负担实现诊疗目的。该逻辑严格遵循客观计算公式，以"是与否"为判断标准，而并非以"善与恶"的主观价值评价为标准。[③]

三 个人健康信息的使用

（一）使用的原则

1. 合理使用原则

合理使用原则是对告知同意原则的限制，具体是指根据法律的明确规定，可以在某种特殊情况下不征求个人同意而使用其信息。该原则原是著作权法上的概念，是指使用者可在不征求权利人同意的情况下无偿使用其作品。其目的是为了平衡著作权人的著作权与公共利益，满足人们的精神需求，促进社会文化事业的发展。与著作权领域相似，在个人信息利用与保护方面同样也存在利益平衡问题。若在制定法律时仅考虑保护个人信息，最终会导致信息孤岛效应，反而不适应大数据时代的发展趋势。因此，将合理使用引入个人信息利用与保护领域有其合理性与可行性。

---

① 侯滢、史励柯、侯建平、李亚军：《智能诊疗领域的算法伦理与算法治理研究》，《中国医学伦理学》2021 年第 4 期，第 446 页。

② 徐着雨、岳远雷：《医疗人工智能算法风险防范的法治化思考》，《医学与哲学》2023 年第 11 期，第 67—68 页。

③ 徐明、韦俨芸：《数字时代医疗人工智能的算法逻辑、风险及其应对》，《中南民族大学学报》（人文社会科学版）2024 年第 1 期，第 147—148 页。

从学理解释视角来看，可以将合理使用原则细分为三个子原则。一是利益协调原则。利益协调原则是指在利益发生冲突之时，在个人利益与其他利益之间进行调节，以使各方利益达到平衡状态。遵循该原则不仅能够保护个人信息，还能够最大限度地提高个人信息的使用效率，促进个人信息的流通。二是差别原则。差别原则是指个人信息使用者在合理使用个人信息时存在一定区别，并不是均等的。对这一原则可以从两方面来理解：第一，个人信息使用者合理使用的范围不同。一般来说，国家机关可以基于履行法定职权使用个人信息，而对其他组织和个人则无此规定。第二，个人信息使用者合理使用的程度不同。例如，国家机关为了国家安全，可以对个人信息采取收集、整理、分析等措施，而为了侦破轻微案件，则只能采取收集措施。三是必要原则。必要原则是指个人信息使用者在有多种措施能够达到使用目的的情形下，应当选择对个人信息主体损害最小的措施，这是比例原则在个人信息使用领域的体现。

从比较法视角来看，各国法律对个人信息的保护中大都包括了合理使用原则。例如，欧盟 GDPR 第 6 条规定了"处理的合法性"，包括保护信息主体合法权益、出于公共利益需要、出于执行命令要求等情况。该条例第 9 条对使用特殊类型个人信息做了限制，即原则上不允许处理前述信息，但也存在例外情况。又如日本《个人信息保护法》第 18 条规定了目的限制的例外情况，即信息处理者原则上应按照既定目的处理信息，只有在出于科研学术、保护生命财产利益等情形下允许超出既定目的。该法第 27 条规定了允许信息处理者将信息提供给第三方使用的情形。在我国，对个人信息合理使用的规定体现在《中华人民共和国民法典》（以下简称《民法典》）和《个人信息保护法》中，对个人信息可以合理使用的情况主要包含紧急情况、公共利益、法定职责、个人已公开和签订合同需要等。综上，各国对个人信息合理使用的规定大多出于以下几种理由：第一，保护公共利益，包括国防、卫生、公共安全等；第二，保护民事权益，包括自然人的人身权益和财产权益；第三，合法公开的个人信息，自然人依法将其个人信息公开即意味着其允许其他主体收集和利用。

2. 数据保护原则

个人信息与个人数据两者的关系目前存在较大争议。有学者认为，个人信息与个人数据无须特别区分，两者的实质都在于保护承载于信息和数据之上的人身与财产权利。只有在实际使用时需要依据场景的不同分别对待,在强调数据或者信息的人身权益时一般使用"个人信息"一词,在强调数据或信息的财产权益时则使用"个人数据"一词。[①] 另外有学者认为,个人信息与个人数据是不同的两种概念,不能混为一谈。在他看来,个人信息与个人数据是内容与载体的关系,是"形"与"神"的关系,两者是互相补充的一组概念。[②] 笔者赞同前一种观点,因为个人信息和个人数据在大数据时代下,都可以被视为承载具体权利的载体,从更有利于保护权利的角度出发,不必对两者进行严格区分。

综上,个人信息与个人数据既然可以等同视之,那么数据保护原则也可被视为个人信息使用的基本原则。数据保护原则是指数据应当受到法律的保护,这不仅体现在数据流通方面,还体现在维护数据安全方面。基于此,数据保护原则可以派生出两个子原则,即数据自由流通原则与数据安全原则。数据自由流通原则强调数据作为一种独立客体,应当被允许在市场上自由流通而不应受到不必要的限制。同时,在整个流通过程中还应注意防止出现数据垄断现象,对垄断者应当给予相应的惩罚。数据安全原则强调采取各种措施保护数据安全,保护对象不仅包括处于存储状态的静态数据,还包括处于传输状态的动态数据,在静态与动态两个层面都应防止信息被篡改、泄露。

（二）使用的方式

1. 用户画像

用户画像是指根据已收集到的各种用户信息,通过一定的技术手段将这些具体信息进行抽象化、标签化,从而形成关于用户的虚拟模型。用户画像在医疗领域内的运用被称为"患者画像"或"健康画像"。构建用户画像需要三个步骤（见图2-3）:第一步是数据收集。进行用户画像的数据来源方式多样,包括但不限于调查问卷、访谈、移动设备收集和网络收集等。在这一阶段,应当尽可能多地通过各种途径获取用户数据,以保证用户画像的全面性。第二步是数据分析。数据分析又可以分为两个步骤。首

---

① 余筱兰:《论法学上的个人信息与个人数据》,载微信公众号"上海市法学会东方法学",2022年5月26日,https://sghexport.shobserver.com/html/baijiahao/2022/05/26/752443.html。

② 刘练军:《个人信息与个人数据辨析》,《求索》2022年第5期,第159页。

先，对收集到的用户数据进行清洗，筛选和清除掉重复、错误的信息，以保证信息的准确性。其次，根据各种规则对数据进行挖掘，深入分析各种数据之间的深层关系，为用户数据的互相比较奠定基础。第三步是提取标签。基于数据分析的结果，对各组数据进行分类重组，提取各组数据的关键词形成标签。[①] 在医疗领域，患者画像也需要经历前述步骤。

图 2 - 3　用户画像流程

根据对象的不同，可以将应用画像分为个体画像和群体画像。个体画像是通过收集个人信息，并经过分析整合，提取标签后形成的虚拟形象。例如，通过收集某人的健康信息，分析得出他是一位年龄大、无运动习惯、喜吃甜食的糖尿病患者形象。群体画像同样也是通过收集信息，经过数据分析整合，提取标签后形成的关于一类人的虚拟形象。群体画像通常可以被用来描述某一群体的特征，从而发现该类群体特征的变化规律。在医疗健康领域，群体画像可以用来描述慢性病患者的情况，帮助医生对慢性病群体进行诊断与管理。除此之外，用户画像还可以用来帮助治疗心理健康疾病，心理健康医生会借助用户画像技术了解患病群体的共同特征，并针对问题采取不同手段帮助患者治疗。还有研究者运用用户画像技术对城市和农村的老年人群体进行画像，得出城市和农村老年人群体在不同方面的异同点，有助于进一步了解老年人群体的需求[②]。

2. 健康管理

健康管理是指在广泛收集个人健康信息的情形下，对个人健康状况

---

① 刘乐洋、刘维维：《用户画像在卫生健康领域应用中的研究进展》，《中国健康教育》2023 年第 9 期，第 827 页。

② 刘乐洋、刘维维：《用户画像在卫生健康领域应用中的研究进展》，《中国健康教育》2023 年第 9 期，第 827 页。

及影响健康的因素进行分析，提出针对性的干预和控制方案的过程。根据不同的标准，健康管理有不同的类别：依据对象的不同，健康管理可以分为儿童类、妇女类和老年人类等；依据疾病的种类，健康管理可以分为高血压类、肺病类和颈椎病类等；依据生活习惯，健康管理又可分为睡眠类、运动类和饮食类等。可见，健康管理是使用个人健康信息的重要方式。在美国，健康管理的显著特征是全民参与、内容全面、医疗保险机构与健康管理机构合作。全民参与是指无论是政府、医疗企业、社区还是个人都积极参与整个健康管理的过程中。内容全面是指美国的健康管理内容涵盖特定疾病、远程医疗和生活方式等多方面，最大限度地满足公民的健康管理需求。医疗保险机构与健康管理机构合作能降低财政支出。其运作模式大致为先由投保人直接将保费交由健康管理机构，待医疗保险机构将居民健康管理服务交给健康管理机构后，健康管理机构可以抽取一部分保费作为健康管理的服务费。在日本，健康管理的显著特征是内容全覆盖与健全的法律制度保障。内容全覆盖是指健康管理的内容包含从健康调查到健康评估的整个过程，其中由各级政府定期进行评估检查。健全的法律制度保障是指健康管理被明确规定在日本的法律之中，每个公民既是享受健康管理的权利主体，又是履行健康管理义务的主体，且公民不能只享受权利而忽视义务，否则会受到相应的惩罚。在芬兰，健康管理的显著特征是政府与社区共同合作，一般由政府出资、出具计划与定期监督，由社区负责执行。此外，芬兰还从宣传教育着手，通过媒体加大对健康管理相关知识的传播，让医院医生与健康管理观念较差的人群当面交谈，促进健康理念的传播。[①]

四　个人健康信息的删除

删除权是指在满足法律规定或者当事人约定的情形下，个人信息主体可以要求信息处理者及时删除有关信息的权利。被遗忘权来源于"冈萨雷斯诉谷歌案"，在该案判决中，谷歌公司被要求删除第三方平台上记载的有关冈萨雷斯的不良个人信息。此后，"被遗忘权"一词被确立，其

---

① 符美玲、冯泽永、陈少春：《发达国家健康管理经验对我们的启示》，《中国卫生事业管理》2011 年第 3 期，第 234—235 页。

是指当信息主体发现数据处理者所收集的个人信息存在过时、超出使用目的等情形而降低信息主体的社会评价时，可以要求数据处理者删除有关信息。

（一）删除权与被遗忘权概念之争

关于删除权与被遗忘权之间的关系存在着许多争议。2012 年，欧盟委员会通过了 GDPR，其第 17 条规定了"被遗忘权与删除权"；在 2014 年，经过修订，将该条标题改为"删除权"，但保留了被遗忘权的相关内容；在 2016 年，欧盟再次修订，将标题改为"删除权（被遗忘权）"。[①] 此后整个法律界针对两者之间的关系争议不断。欧盟强调对个人隐私的保护，特别重视对人格权利的保护，而个人信息删除权作为一种具备人格性利益的权利，在欧盟的立法和实践中受到了积极的保护。美国强调对个人言论自由的保护，在社会生活领域，言论自由往往处于核心地位，在与隐私权等其他权利相冲突时会处于优先地位。因此，美国对个人信息删除权持消极保守态度。[②] 在我国制定《个人信息保护法》时，学界也曾对二者之间的关系进行辨析，主要存在四种观点。第一种观点是相同说。持此种观点的学者认为删除权与被遗忘权二者的内涵和外延一致，这在欧盟制定的 GDRP 第 17 条中得到了体现。第二种观点是相异说。持此种观点的学者认为二者的实质内容并不相同，并指出了两者在权利主体、行为对象和适用方式上存在差别。第三种观点为包含说。持此种观点的学者认为二者之间存在从属关系，具体又可分为删除权包含被遗忘权和被遗忘权包含删除权两种情形。第四种观点是竞合说。持此种观点的学者认为二者之间是交叉关系，是相互补充、相辅相成的一组概念。根据目前我国《个人信息保护法》中对个人信息删除权的规定可知，我国采取了"包含说"的观点——但不能仅仅因为法律之中没有规定被遗忘权就否定其存在的价值。[③] 笔者赞同该观点，本书也是围绕个人信息删

① 张里安、韩旭至：《"被遗忘权"：大数据时代下的新问题》，《河北法学》2017 年第 3 期，第 38 页。

② 魏思婧、毛宁：《欧美国家用户个人信息被遗忘权的法理逻辑差异》，《情报资料工作》2020 年第 2 期，第 79 页。

③ 曹新民、宋歌：《个人信息保护视阈下删除权与被遗忘权之思辨》，《杭州师范大学学报》（社会科学版）2021 年第 6 期，第 75—76 页。

除权展开阐述。

（二）有关删除权的国内外立法规定

删除权虽然在涉及网络安全、征信、银行业等方面的法律法规中都有所体现，但我国法律中较为系统地规定删除权是在《个人信息保护法》中。根据该法第22至24条可知，个人信息处理者既可以是个人也可以是组织，当处理者为两人以上时，个人信息主体请求处理者删除有关个人信息时并不需要全部处理者的一致同意；换言之，个人信息主体可以只请求处理者其中之一删除信息。当处理者因合并、分立而发生变更时，个人信息的接受者此时即是处理者；当个人信息被传输至第三方主体时，提供者和接受者都属于处理者。对于个人信息主体，一般情况下是具备完全民事行为能力的自然人，在涉及未成年人或者死者时，可以由未成年人的监护人或者死者的近亲属充当。

根据我国《个人信息保护法》第47条的规定①，适用删除权的情形包括：（1）处理目的已实现、无法实现或者为实现处理目的不再必要。这种情形与目的限制原则紧密关联。处理目的若已实现或者无法实现即表明收集到的个人信息已不能再发挥作用，此时再利用个人信息将可能违法。（2）个人信息处理者停止提供产品或者服务，或者保存期限已届满。提供产品或者服务往往需要当事人间签订合同，在签订合同时无法避免地会处理个人信息，倘若发生合同履行完毕、解除等原因需要停止提供产品和服务时可以适用删除权。关于个人信息的保存期限，部分法律中存在明确的规定，若保存期届满则应当删除相关信息。对于法律没有明确规定保存期的，可以以约定的保存期为标准。（3）个人撤回同意。信息处理者处理个人信息需遵循告知同意原则，在信息主体撤回同意时，并不影响已经进行的、基于同意而做出的处理行为的效力，但信息主体

---

① 《个人信息保护法》第47条规定:"有下列情形之一的，个人信息处理者应当主动删除个人信息;个人信息处理者未删除的，个人有权请求删除:（一）处理目的已实现、无法实现或者为实现处理目的不再必要;（二）个人信息处理者停止提供产品或者服务，或者保存期限已届满;（三）个人撤回同意;（四）个人信息处理者违反法律、行政法规或者违反约定处理个人信息;（五）法律、行政法规规定的其他情形。

法律、行政法规规定的保存期限未届满，或者删除个人信息从技术上难以实现的，个人信息处理者应当停止除存储和采取必要的安全保护措施之外的处理。"

撤回同意后使信息处理者继续处理信息丧失了合法性。（4）个人信息处理者违反法律、行政法规或者违反约定处理个人信息。在此种情形下，处理者处理个人信息行为本身没有合法性基础，当然应当删除已获得的个人信息。（5）法律、行政法规规定的其他情形。此为兜底条款，对前述四种情形起到了补充作用，并能适应新情况的出现。同时，第47条也规定了不能适用删除权的两种情形。一是法律、行政法规规定的保存期限未届满。这是指在法律、行政法规规定的保存期限内，信息处理者或者个人信息主体不得删除或者请求删除相关个人信息。二是删除个人信息从技术上难以实现。这是指现有技术无法删除个人信息或者能够删除但删除成本过高。

　　欧盟对删除权的规定也包括适用的情形与限制删除的情形。关于删除权的规定主要体现在GDPR第17条，该条第1款规定了适用删除权的几种情形：（a）个人数据对于实现其处理目的再无必要；（b）信息主体撤回同意；（c）信息处理者在信息主体行使拒绝权的情况下，仍然继续处理个人信息；（d）非法处理个人数据；（e）为了遵守欧盟成员国的法律规定需要删除个人信息；（f）没有经过未满16周岁儿童父母的同意或授权处理相关儿童的信息。该条第2款规定了处理者对已经公开的个人信息，在满足第1款的情况下，在采取各种措施要求第三方主体删除有关个人信息、阻止个人信息传播时，应当考虑相应的成本。该条规定体现了"一对多"的被遗忘权的精神，与传统删除权"一对一"的精神有所不同。该条第3款规定了对行使删除权的限制，限制的情形主要包括出于公共利益需求、言论自由以及基于科研或者历史研究等。同时，GD-PR第2条规定的"家庭豁免"条款也可视为是对删除权的限制。"家庭豁免"是指信息处理者的处理行为是为了私人目的或者家庭目的，让信息在个人或者家庭范围内合理流通是能够被豁免的。①

　　美国联邦和地方各州都享有立法权，其对删除权的规定分散于各州的法律之中，呈现出很强烈的区域性色彩。美国法中的删除权来源于对儿童隐私权的保护，经历了由《加州未成年人数据隐私权利法案》《加州

---

① 张里安、韩旭至：《"被遗忘权"：大数据时代下的新问题》，《河北法学》2017年第3期，第45页。

消费者隐私法案》《加州隐私权法案》到《美国数据和隐私保护法案》（草案）四个阶段。[①] 在第一个阶段，加州地区的法律赋予加州的未成年人对其在各种社交平台上留下的个人信息记录以删除权，以保证个人信息不被泄露；在第二个阶段，加州地区的法律赋予消费者以删除权，有效保护了消费者的合法权益；在第三个阶段，加州地区的法律在沿袭以往法律规定的基础上，将享有删除权主体的范围扩大到整个加州人民；在第四个阶段，在《加州隐私权法案》的推动下，美国联邦政府出台了全国性的数据隐私权保护法案，其中明确了数据处理者及第三方主体在信息主体行使请求权时，有义务删除其收集的相关个人信息。可见，为了调节言论自由与个人隐私间的关系，美国对删除权的态度正由消极逐渐转变为积极。

（三）有关删除权的司法实践

"胡尔班诉比利时案"[②] 是欧洲人权法院适用删除权的最新案例。在该案中，比利时一公民因触犯交通肇事罪，后经法院裁判被无罪释放。比利时最高法院下令让比利时一报纸编辑胡尔班对报道的有罪信息进行匿名化处理。而胡尔班对此表示不服，遂诉至法院。在该案中，胡尔班主张其作为新闻行业从业者，具有言论自由权，对新闻报道匿名化处理侵犯了其言论自由权。而在法院的判决中指出，每个人都拥有使其个人生活和家庭生活得到尊重的权利，任何公共机构不得干涉。删除权作为隐私权的一项延伸权利，在法律顺位上优先于言论自由权。但由于考虑到利益平衡问题，最终法院在保障个人隐私权的基础上，也同时兼顾了言论自由权的行使，最终要求胡尔班对相关信息进行匿名化处理而非直接予以删除。本案标志着欧盟将删除权定位为隐私权项下的一项子权利，为保护删除权提供了一种新的可行路径；同时，这也表明欧盟在保护隐私权与言论自由权时在寻找二者的平衡点。

在"任甲玉诉百度案"中，任甲玉在利用百度搜索引擎搜索其名字

---

① 宋丁博男、张家豪：《中外数据被遗忘权制度比较研究》，《情报理论与实践》2023年第3期，第100—101页。

② 宋丁博男、张家豪：《中外数据被遗忘权制度比较研究》，《情报理论与实践》2023年第3期，第100—101页。

时发现带有"任甲玉与陶氏教育"等多个关键词，由于该公司口碑不佳，任甲玉认为百度搜索引擎显示的信息侵犯了其被遗忘权，遂诉至法院要求百度公司删除相关信息。诉讼中，任甲玉主张其与陶氏教育公司合作系事实，但由于时间过长，这些合作信息应当不再被显示，否则将会影响其个人的合法权益。法院在判决中指出，我国目前不存在被遗忘权的权利类型，不属一般人格权的保护范畴，不能将其纳入一般人格权加以保护；同时，任甲玉主张删除的信息并非毫无价值，作为教育工作者，其从业经历对于其客户有着重要影响，保留合作信息能够保障客户的知情权，帮助客户做出决策。[①] 本案表明，我国目前尚未确立被遗忘权，对被遗忘权的保护机制有待进一步探讨。

第三节　个人健康档案的建立与管理

作为对个人健康信息进行加工的成果之一，个人健康档案是指记录个人从出生到死亡的健康数据的档案，通常包含个人的基本信息和主要卫生服务记录。其建立与管理的过程如下。

一　个人健康档案的建立

（一）个人健康档案的收集

在我国，个人健康档案的收集机构主要是各级医疗卫生机构，包括医院、城乡医疗卫生机构等。收集个人健康信息应遵循的步骤为：首先，确定建档对象。个人健康档案的建立需覆盖全民，确保每个人都具备相应的档案号，尤其是孕妇、幼童、老年人和残障人士等特殊人群，更应当被列为重点建档对象。居住在中国的外国人也同样享有建档的权利。对于异地建档人士，其与辖区内常住民也享有同样权利，即使日后回到原居住地也无须再重复建档，由有关工作人员及时更新个人健康档案即可。其次，核实建档材料。各级医疗卫生部门在建立个人健康档案时，应当对建档对象提供的各种证明材料进行核对，确保相关材料的真实性、准确性和完整性，为后续个人健康档案的信息录入作好支撑。最后，录

---

① 参见北京市第一中级人民法院（2015）一中民终字第 09558 号民事判决书。

入建档信息。个人健康档案的建档信息录入分为线上录入和线下录入两种形式。线上录入建档信息时,应当确保系统中导出的个人健康档案的准确性与真实性,仔细检查是否存在信息错误、页面短缺等问题;线下录入建档信息时,应当仔细填写个人健康信息收集表,保持字迹清晰、填写规范,保持个人健康档案的规范性。[①]

（二）个人健康档案的建立原则

个人健康档案的建立应遵循四项原则:科学性原则、服务性原则、系统性原则与发展性原则。[②]科学性原则是指在个人健康档案建设的过程中,要从现实状况出发,借鉴国外经验,结合技术发展趋势以及个人健康档案发展现状,进行创造性转化。服务性原则是指建立个人健康档案的目的是为全民提供医疗服务、提升医疗诊断效率;其作为根本原则,贯穿于个人健康档案建立的全过程,无论是系统设计阶段还是在使用阶段,都必须遵守该原则。系统性原则是指在建立个人健康档案时应从大局出发,具备整体思维。该原则包括两点内容:一是个人健康档案内容的系统性。个人健康档案应当尽可能全面地囊括各种健康信息,所有相关的信息包括但不限于个人基本信息、过往病史和家族遗传病等都应被考虑在内。二是个人健康档案系统的系统性。政府及医疗卫生部门在个人健康档案系统的构建之初,应当考虑全国各地区的发展情况,在发达地区先试点运行,再将试点经验向欠发达地区分享,帮助其建立信息化的个人健康档案系统。发展性原则是指在建立个人健康档案的过程中,不仅要考虑当下的现实情况,还要考虑到将来的发展空间。

二 个人健康档案的管理

（一）个人健康档案的整理

个人健康档案的整理分为三个步骤。第一步为确定档号。每个建档对象的建档材料都会被分配有档号,该档号具有专门性和唯一性,由组织机构代码、建档日期和顺序号组成,共计 23 位数字,能够反映档案材料的来源、排列顺序等基本属性。第二步为确定编目。档案编目包括时

---

① 张锦:《我国个人健康档案管理制度研究》,硕士学位论文,山西大学,2022 年。

② 付嫒嫒:《电子健康档案建设研究》,硕士学位论文,安徽大学,2014 年。

间、页码、备注和编码等信息。个人健康档案的纸质化编目通常需要将编目打印出来后与个人健康档案一起装订成册，并且还需要在制作的封面上标明建档机构名称、时间和档案编号等。个人健康档案的电子编目通常需要从系统中导出；在运用表格类或者文字类编辑软件时要避免输入不相关符号，以免影响数据的准确性。第三步为确定分类方法。传统分类方法的分类标准包括年度、机构和保管期限。按年度分原则上是以档案形成的时间为标准进行划分，只有在形成时间无法确定的情况下才使用档案的归档时间；按机构分是按形成档案的机构或者主管档案的机构进行划分，由多个部门管理档案时，以主管部门为标准进行划分；按保管期限分是指将档案按既定的保管期限进行划分。单独采用以上分类方法可能无法保证个人健康档案的完整性与系统性，鉴于此，各级医疗卫生机构应当根据不同情况综合采用上述分类方法。

（二）个人健康档案的保管

如前所述，个人健康档案由各级医疗卫生机构收集并保管。在整个保管过程中，保管机构应当从物理和数据两个层面进行数据保管。在物理层面，个人健康档案应被保存在固定的档案室，该档案室应当具备防虫、防潮和耐高温的条件；同时，档案室中还应当配备完善的设施，包括但不限于良好的供电装置、消防安全装置等。在数据层面，保管机构应当采取严格的访问控制方法，对访问个人健康档案系统的人员进行身份验证，只有经过身份验证的人员才具备访问资格。而对于有访问资格的人员，也要进一步限制其访问的内容。对于敏感数据，只有具备管理资格的人员才能访问，具备一般访问资格的人员则无此权限。除此之外，档案保管机构还应做到定期备份与恢复个人健康档案。通过定期备份与恢复数据可以防止信息丢失与损毁，避免数据丢失。在有条件的情况下，保管机构也可以进行异地备份，增强数据的安全性。

第 三 章

个人健康信息应用中的风险、
歧视和冲突

在当代社会，民众可通过各种方式获得与个体相关的生命体征、生活环境、饮食习惯、保健和医疗等个人健康信息。由于这些信息对制药、医疗器械供应商等企业都有很大的价值，在商业竞争中以及利益的驱动下，个人健康信息逐渐商品化。因此，在大数据环境下的个人健康信息实际上具备了双重属性，信息的应用更重视此类信息带来的财产权益，而信息中蕴含的人格权益则要求更加关注个人健康信息安全的保护[①]。正是由于两者在关键保护利益上的差异，许多健康企业将工作重心主要放在业务拓展和提升利润方面，对个人健康信息合规管理工作重视程度不够，存在诸多与信息保护规定相悖的地方。这不仅导致个人健康信息在收集、加工、使用及删除等应用流程中产生风险，基于大数据获得的医疗决策也将引发医疗公平性问题。健康企业对商业利益、财产权益的追逐势必导致个人健康信息的应用与信息主体的个人自主权、隐私权、知情同意权等人格权利之间的冲突不断加剧。

第一节 个人健康信息应用流程中的风险分析

个人健康信息属于敏感个人信息，在其应用过程中理应受到更加严密地保护。但是，在大数据时代，随着个人健康信息商业价值的增加，

[①] 王利明：《敏感个人信息保护的基本问题——以〈民法典〉和〈个人信息保护法〉的解释为背景》，《当代法学》2022 年第 1 期，第 13—14 页。

其安全保护也受到更加严峻的挑战。前文详细介绍了个人健康信息的收集、加工、使用与删除四个应用流程，其中每一个流程都会存在一定的风险，导致个人健康信息泄露和滥用等安全问题的发生，以下将逐一进行分析。

一 个人健康信息收集过程中的风险

个人健康信息从收集开始进入了信息应用的各流程，大数据收集信息全面且深入，善于从简单的信息"勾画"出个人隐私信息并且该过程难以被信息主体察觉，给信息安全带来隐蔽的风险；公权力机关和企业作为个人健康信息的收集主体有着天然的优势，但在收集过程中却不注重对个人健康信息的保护，信息主体难以对其健康信息进行有效控制；知情同意原则作为个人健康信息收集前的"帝王条款"规则，却随着数据时代出现了难以被解决的困境。

（一）大数据"勾画一切"带来的风险

大数据技术的发展被定义为"代表着人类认知过程的进步"，"勾画一切"是现代社会大数据技术发展的显著体现①，即大数据通过对种类、数量繁多的数据信息进行分析、预测，从简单的信息中"勾画"出敏感的隐私信息。这种"勾画"比传统的信息挖掘分析有更加突出的商业价值。例如发生在美国的塔吉特公司事例，塔吉特公司可以通过大数据信息收集再进行处理，推断出一个女生的怀孕情况，甚至这个女生的父母都不知道。② 大数据可以从"用户购买沐浴露"等一些简单的行为中推断出怀孕或者生育等敏感的个人健康信息，因此大数据对信息的收集更加全面且细致，收集许许多多零碎的个人信息，再通过多样的分析方式"勾画"出数据背后的真实，"猜测"出更为隐秘的敏感信息加以利用，带来显著的社会、经济价值，而"一切"是对数据灵活多样的应用，包含分析的对象本身多样以及分析手段灵活多样，进而导致个人信息的外

---

① 王德夫：《大数据时代下个人信息面临的新风险与制度应对》，《西安交通大学学报》（社会科学版）2019 年第 6 期，第 123—132 页。

② Charles Duhigg, How Companies Learn Your Secrets（公司是怎么知道你的秘密的），载《纽约时报》，http://www.nytimes.com/2012/02/19/magazine/shopping-habits.html，2024 年 2 月 18 日访问。

部边界日渐模糊，能够真正获得保护的隐私信息的范围在日渐缩小。

如前文所述，大数据时代与传统时代收集个人信息的方式有很大的不同，前者更注重于平等、无差别地收集更多种类的个人信息，此时"尽可能利用所有数据"成为了大数据收集信息的核心目的；而后者在收集信息时，会将个人隐私信息进行剥离，除了个人信息的处理者处置不当或者他人的非法获取外，不会再有被泄露的情况，此时私人生活与社会公共场合是有明显界限的。然而，"勾画一切"使传统个人信息保护失灵，"勾画"表现出独有的隐秘性，其行为不具有侵略性或违法性，往往在被侵权人没有感知的情况下获取其私密信息，同时行为人却无须承担侵权责任。个人隐私被获取，被利用但却维权无门；网络技术呈现虚拟化，侵害手段多变且损害结果严重。传统个人信息保护是将个人信息的核心内容与单一的数据信息区别开来，形成一个相对稳定的防护罩，但大数据"勾画一切"恰恰是利用了单一的数据信息，使防护罩的效力减弱甚至无视防护罩的功能，对关键信息进行刺探，从而使个人健康信息保障受到严峻的挑战。另外，个人健康信息不同于个人信息，传统时代对个人健康信息的侵害主要表现为对人格利益的侵害，因其存在剥离性，在传统时代是难以去识别出主体的其他信息的。但大数据"勾画一切"因其收集数据时细致全面，对人格利益侵害的同时，也能结合识别出主体的其他信息，比如给患病住院亟须用钱的家庭精准推送借贷软件信息。大数据这种"勾画一切"的收集方式也给现代社会的个人健康信息在收集时带来很多的风险。

（二）公权力机关信息采集时带来的风险

随着科学技术日渐发展，大数据采集个人健康信息的手段被引入公权力机关的执政方式之中，为了更高效执政，更流畅地进行社会治理，政府在人口普查、社会保障、教育医疗等各方面采集大量的公民个人健康信息。在构建"数字中国"的过程中，也强调了要构建公共卫生等重要领域国家数据资源库。① 因此公权力机关是个人健康信息采集的重要角

---

① 《数字中国建设整体布局规划》，载中华人民共和国中央人民政府官网，https：//www.gov. cn/zhengce/2023 − 02/27/content_5743484. htm？eqid = ad458d2c0015b361000000036497e00d，2024 年 2 月 22 日访问。

色，因公权力机关带有天然的优势，在采集个人健康信息时，公民都会提供真实且完整的个人健康信息。此时以公权力为背景的巨型数据库就可以被建立，各个领域各政府部门之间也能够进行信息的共享，行政效率大大提升、社会治理更加便捷。但大量的个人健康信息汇聚到了公权力机关，加之信息共享，在大数据时代这个背景下，通过对多种类单一的数据信息进行整合利用，分析"勾画"，能够得到个体的比较详细的人格图像，比如说个人的行动轨迹、性格偏好、健康状况等。在这个过程中，公权力不断渗透到了公民的个人生活。政府需求与个人健康信息保护产生冲突，公民的行动变成了"可见的、可计算的、可预期的"，人们的隐私就得不到应有的保障。在绝对的公权力面前，公民也缺乏行之有效的手段来保护个人合法权益，政府部门之间成立的巨型数据库方便了行政，但公民却难以知晓个人健康信息被收集、使用、存储的规则，后续个人健康信息能否得到有效保护都是未知数。

例如，新冠疫情期间健康码的应用，健康码是政府收集个人健康信息的一个体现，在突发公共卫生事件的情况下，新冠疫情期间，公共安全被高度重视，政府为了保证公共利益、保证社会的有序运行，采取了技术手段收集、使用个人信息。关乎个人健康问题，公民在突发情况时将个人信息提供给政府，临时让渡部分隐私权利，来换取公共利益，保护个人生命健康。但在这个过程中，个人健康信息的安全得不到有力地保障。

第一，收集个人健康信息规则的法律规定很模糊。《民法典》第1035条、《中华人民共和国网络安全法》（以下简称《网络安全法》）第41条都只规定了处理个人信息的原则，并没有规定具体的实施细则。2020年2月4日中央网络安全和信息化委员会办公室（以下简称网信办）发布的通知："为疫情防控、疾病防治收集的个人信息，不得用于其他用途。"[①]"其他用途"的范围也未作明确。目前收集个人信息的法律规定基本体现为原则性条款，法律法规因解释而被适用，如果法律法规比较模糊也没

---

① 中央网络安全和信息化委员会办公室：《关于做好个人信息保护利用大数据支撑联防联控工作的通知》，载网信办网站，https：//www. gov. cn/xinwen/2020 - 02/10/content _ 5476711. htm，2024年2月8日访问。

有相应的解释，则无法被严格适用，也就缺少了实际操作性。个人健康信息的处理规则不明确，可能致使个人健康信息泄露、滥用，给个人健康信息安全带来严峻的挑战。

第二，个人健康信息收集主体过多。《中华人民共和国传染病防治法》（以下简称《传染病防治法》）第 33 条规定了疾病预防控制中心具有信息收集权，第 20 条规定了地方人民政府具有信息收集权；《突发公共卫生事件应急条例》第 40 条规定了卫生行政主管部门和其他部门、医疗卫生机构具有疫情信息收集权。从法条的规定可以看出，在健康码应用过程中个人健康信息收集的主体是很广泛的，其中政府可以制定突发事件应急预案，制定信息的收集制度，授权给有关机构、组织等以信息收集权。而且在某些商场、饭店也有可能收集个人健康信息，加之提供健康码技术支持的第三方机构也在收集大量的个人健康信息。大量且广泛的收集主体是健康码信息收集的一个弊端，接触的范围越多、可能性越大，那么个人健康信息泄露的风险也就越大。

第三，个人健康信息过度且重复进行收集。2020 年国家网信办发布了存在个人信息收集使用问题的 App，其中收集健康码信息的鄂汇办、皖事通等都存在对个人信息收集的问题，比如存在过度收集用户支付宝账号、社保账号等信息的问题；部分城市的健康码还需要收集用户的人脸特征，而且还未告知用户收集目的、方式、范围等。[①] 上述实践中出现的过度收集问题，不禁让人担忧个人健康信息的安全，并对个人健康信息的保护产生质疑，公权力是否将会越界侵犯公民的个人生活。在健康码应用期间，基本上是一省一码，出省就要申请另外一个地方的健康码，江苏省甚至一个市都有属于自己市的健康码，比如"淮上通""苏城码"，等等。给公民的跨省跨市出行带来了极大的负担，公民重复申请各地的健康码，重复上传个人健康信息，如果某省市的信息保护不够严谨，就极易会因为这种重复收集行为而发生泄露，无法很好地保障个人健康信息的安全。

---

① 中央网络安全和信息化委员会办公室：《关于 35 款 App 存在个人信息收集使用问题的通告》，载中央网络安全和信息化委员会办公室官网，http：//www.cac.gov.cn/2020－11/17/c_ 1607178245870454.htm，2024 年 2 月 3 日访问。

（三）企业使用健康管理软件或平台采集信息带来的风险

大数据时代个人健康信息具有巨大的经济价值，这对于以逐利为首要目的的企业而言，会促使其利用健康管理软件或平台收集大量的个人健康信息而获得经济利益。由于健康管理软件或平台在采集个人健康信息时往往带有商业目的，当用户授权平台收集个人信息以换取对该平台的使用过程中，设置的偏好、搜索、输入健康数据、运动轨迹等相关信息都会被平台收集，同时，平台之间往往也会进行信息共享。这种健康管理软件或平台是依赖自己的优势地位和技术能力对个人健康信息进行采集，因其缺少有效的监管以及带有商业目的，在对个人健康信息采集的过程中将会面临各种风险，具体表现在以下方面。

第一，企业对收集到的个人健康信息存在过度利用的问题。一般来说企业收集到大量的个人健康信息以后，会采用算法来处理所收集的个人健康信息，互联网平台在用算法处理个人健康信息时，和大数据处理信息的特点相类似，具有隐蔽性。即使用户认真阅读了隐私条款，同意企业进行处理，但也难以保证用户的个人健康信息不会被进行二次处理，企业的后续分析处理不需要与用户进行交互活动，自然也不会取得用户的二次处理同意，使用户在不知不觉中就被系统刻画好了用户画像。例如，市场营销领域，商业公司收集到用户的个人健康信息后，就会依算法给用户分类，打上各种标签，这些标签内含了对个人的刻板印象，加之存在算法偏差，随着信息的快速流通，社会性的歧视与分化就此产生。部分企业为了谋求经济利益，更多地收集个人健康信息，漠视隐私条款，侵犯用户合法权益，未经用户同意就进行个人健康信息收集。2019 年国家网络与信息安全信息通报中心通报了"健康天津" App 涉嫌无隐私协议收集用户位置信息等违法违规行为，责令其运营公司限期整改；① 2021 年河北省委网信办和河北省通信管理局通报了存在个人健康信息收集使用问题的 App，其中有河北咱家健康软件科技有限公司开发的软件：咱家健康专家，该 App 收集用户个人健康信息时无隐私

---

① 国家网络安全通报中心：《公安机关开展 APP 违法采集个人信息集中整治》，载微信公众号 2019 年 12 月 4 日，https：//mp. weixin. qq. com/s/smT4RbHsA_x0vIZjEKV_yg。

政策的说明;① 2021 年广东省通信管理局通报了侵害用户权益被下架的 App,其中有广州英康唯尔互联网服务有限公司开发的软件:well 健康,该 App 存在违规收集个人信息、违规使用个人信息、账号注销难三个隐患。② 有些企业不仅过度收集利用用户的个人健康信息,还会将收集到的个人健康信息出卖给其他的信息处理主体,赚取巨大的经济利益,使用户的个人健康信息面临巨大的风险。这些对用户个人健康信息过度收集利用的行为往往都具有较强的隐蔽性,同时缺乏有效的监管,用户维权困难,难以保护自己的个人健康信息安全。

第二,用户不注重对个人健康信息的保护。用户在使用软件或平台的过程中,缺乏对自己个人健康信息的保护,可能在用户不知觉的情况下,个人健康信息就受到了侵犯。用户的保护意识不强反映在以下几个方面:其一,基本上不阅读个人隐私保护条款,即使健康管理软件或平台在收集用户个人健康信息之前会将信息的处理规则明确告知用户,但由于隐私条款太长太复杂等原因,用户对于隐私条款一般都不会去阅读,此时个人健康信息的事前保护不充分。其二,对于各种权限总是盲目允许,比如位置访问、摄像头开启、访问照片视频等权限,有些软件或平台的使用其实不需要将每一个权限都打开,但用户在使用的过程中意识不强,就会去盲目地都允许访问。其三,用户的许多账户都存在关联,用户可能在登录健康管理软件或平台的过程中,为了方便,就用 QQ、微信等账户进行登录,此时软件或平台就可能让用户同意去访问登录账户的全部资料,造成其他隐私信息的泄露。其四,用户会因为其他利益而放弃对个人健康信息的保护。某些软件或平台会采用赠送会员特权,或者送其他礼物等来鼓励用户将个人资料完善,用户往往也会愿意去进行换取;也有些用户盲目相信网络上的诊疗机构,在和对方聊天的过程中

---

① 河北省通信管理局:《省委网信办、省通信管理局关于违法违规收集使用个人信息的 App 通报（第二批）》,载河北省通信管理局官网, https:∥hbca. miit. gov. cn/xxgk/wlaq/art/2021/art_5b09d681a8524ec48609dbf7f3c95825. html,2024 年 2 月 9 日访问。

② 广东省通信管理局:《广东省通信管理局关于下架 3 款侵害用户权益 App 的通报》,载广东省通信管理局官网, https:∥gdca. miit. gov. cn/xwdt/gzdt/art/2021/art_c5f3901def3845e598-078f600b7ef516. html,2024 年 2 月 10 日访问。

留下自己的个人健康信息，使信息被不当收集和利用。[①] 这些情况都使得用户的个人健康信息不能得到有效的保护，不法分子可以在收集后又再进行利用，某些企业会将个人健康信息卖给第三方信息处理者，获取再次的盈利，或者某些保险中介、保健品推销公司会直接通过电话营销的方式对用户精准推荐产品和服务，导致用户可能会被骗取钱财。例如，段某某、董某某等诈骗罪一案中，本案的被告人纠集在一起，出资成立公司，先是随意编造并印刷出夸大药品药效的书籍，然后在媒体上刊登免费赠书的广告，通过广告收集信息，最后用各种推销诈骗的话术拨打消费者的电话，比如夸大消费者病情、虚构药品的治愈率等，欺骗消费者，让其购买该公司的药品。从 2012 年到 2016 年案发，该犯罪团伙诈骗数额超过了 2 亿元。[②] 本案的犯罪团伙就是利用了某些消费者的占便宜心理，通过免费赠书来收集个人健康信息，达到诈骗的目的。因此用户要提高个人健康信息的保护意识，在各个方面都要警惕不法分子对个人健康信息的收集，避免掉入精心安排好的"陷阱"。

第三，大量的个人健康信息被汇集，某些大型企业形成"垄断优势"。有些企业看好了大数据时代下个人健康信息应用的发展前景，会收集大量的个人健康信息，这些企业会以技术、资金等优势，快速建立一个优势平台，并逐步利用先前建立的个人健康数据库、技术优势等，在市场中占据有利地位，甚至可以形成垄断优势。然后某些收集到的个人健康信息被用作医学研究、临床试验等，并且将研究过程中产生的数据库作为市场竞争的优势资源。一旦形成这种"垄断优势"，容易在新的信息采集过程中，剥夺公民的选择权，给原本健康的市场竞争带来恶性的影响。

（四）知情同意原则"失灵"的风险

如前文所述，知情同意原则是信息处理者在收集个人健康信息之前告知信息主体相关的信息处理规则。知情同意是信息处理者处理信息的正当性基础，知情同意原则最开始就是诞生于医疗领域，在该原则诞生

---

① 刘帅：《在线医疗工具用户个人健康信息保护机制构建》，《中国市场》2020 年第 1 期，第 194、196 页。

② 参见（2017）浙 07 刑初 65 号判决书。

之前，患者的医疗方案和决策基本都是由拥有专业知识的医生决定的，但 1914 年发生的 Schloendorff v. Society of New York Hospital 案，奠定了知情同意原则的基石，知情同意原则成为个人信息保护的"帝王条款"，保护了个人信息的自决权①。但是，大数据时代的特殊性加上个人健康信息本身的弱控制性，使知情同意原则在医疗健康领域的应用过程中面临巨大的挑战，甚至存在"失灵"的风险，具体表现如下几个方面。

第一，个人健康信息具有专业性和知识壁垒，信息主体"知情"的有效性受到影响。由于部分健康信息要由专业的仪器来获取，测量出的结果也需要经专业人士进行解读，例如血常规单上面的数字，在普通人看来只是一串数据，但在专业医务人员看来却是患者健康状况的体现。某些个人健康信息需要联系其他的信息来解读，例如患者有既往病史，那么对该患者病情的诊断就需要将其加以结合才能下结论。这些健康信息具有极强的专业性和知识壁垒，普通人无法分析出健康信息的具体状况，因此作为信息主体，其"知情"的有效性将会不可避免地受到影响。

第二，大数据时代造成信息主体对其健康信息的控制力降低。大数据时代存在很多个人健康信息在信息主体毫不知情时就被处理的情况，例如，部分数据中间商对个人健康信息的处理、在个人健康信息泄露以后被他人非法利用、医疗数据共享下未经同意的二次处理、个人健康信息多次流转后无法联系信息主体。这一系列的问题都削弱了信息主体对个人健康信息的控制力，从"知情"角度违背了知情同意原则保护个人信息处理的自决权的目的。而且，信息主体的自我保护意识不强，平台提供的隐私条款常常不去阅读就点击同意，为了得到更多的数据红利同意平台获取个人健康信息等，从"同意"角度失去了个人信息的控制权。

大数据时代给有着"霸王条款"之称的知情同意原则带来了新的挑

---

① 本案的起因是美国演说家 Mary Schloendorff 因胃部不适到纽约医院治疗，后被诊断为纤维瘤，医生建议切除肿瘤，但 Schloendorff 极力反对。不过 Schloendorff 同意在乙醚麻醉下做检查，但医生趁此机会给她切除了肿瘤，后来 Schloendorff 的左肢出现了坏疽并最终导致了几个手指被截肢。Schloendorff 将纽约医院告上了法庭，负责这一案件的大法官本杰明·卡多佐提出了如下观点：每一个心智健全的成年人，均有决定如何处置其身体的权利；外科医生如果没有病人的同意便实施手术，则构成暴行，该医生应对其损害负责。卡多佐的观点也成了知情同意概念中最基本的元素之一，即病人自主权。

战，如何在促进互联网经济的同时保护个人健康信息，突破知情同意原则的适用困境，这是知情同意原则在大数据时代下面临的新难题。

二　个人健康信息加工过程中的风险

如前文所述，个人健康信息的加工包含了存储和分析等过程。在存储过程中，或由于内部机构网络技术存在漏洞，或由于外部非法手段攻击网络系统、入侵医疗系统网站，加之目前健康信息存留期限和存留地域的相关规则透明度较低等原因，导致加工个人健康信息过程中的信息安全风险极大；而大数据时代，将人工智能算法应用到医学领域分析个人健康信息的全新形式，一方面带来更新的事物、更长远的发展前景，但另一方面，随之而来的却是分析数据存在误差、信息可能泄露等诸多风险。

（一）存储信息时的风险

大数据时代的个人健康信息往往通过建立网络数据库，采取集中存储的方式。存储信息的主体也不再限于医疗机构，还有各种诊疗平台、健康管理软件等。目前，影响存储过程中个人健康信息的安全性问题主要来源于以下两点。

一是内部因素，此时风险主要来源于保护个人健康信息安全的网络技术落后或者存在漏洞，如网络安全设计本身就存在缺陷、计算机硬软件设计不够安全可靠、缺少必要的且持续的网络维护、安全防御技术相对脆弱等。加之某些医疗机构的信息安全意识薄弱，在保护信息安全中资金投入较少，因此存储过程中无法保障个人健康信息安全，存在泄漏的风险。二是外部因素，此时的风险主要来源于人为破坏，采用一些非法的手段攻击网络系统，非法入侵网站，且入侵技术花样百出。根据著名的咨询机构 Verizon 在 2023 年 6 月发布的《2023 年度数据泄露调查报告》中可知，人为因素是数据泄露的主要原因，其中有 83% 的泄露事件来自外部人员，他们常用的方式有凭证窃取、网络钓鱼和漏洞利用等。[①]近年来，医疗机构的医疗系统一直是非法入侵的重灾区，不仅因为医疗

---

① Verizon（威瑞森通信公司），美国的科技电信公司。Verizon 作为全球最大的通信公司之一，其业务范围非常广泛，涵盖了传统的电话和互联网服务以及无线通信、云计算、物联网等领域。

机构存储的个人健康信息比较完整且价值高，还因为医疗机构普遍的网络安全建设水平相对脆弱，高价值叠加容易入侵，医疗机构自然就成为了黑客攻击的重要目标。在国内，2018 年江西省妇幼保健院遭到"勒索"病毒攻击；上海某医院系统被拉黑，黑客勒索 2 亿元的以太币；湖南省儿童医院也遭到"勒索"病毒攻击，内部文件被强行加密，系统瘫痪，患者无法就医。① 在国外，英国在 2017 年曾经受到过"勒索"攻击，英国全境有 16 家医院内网被攻陷，电脑被锁定，电话无法打通，对外联系基本中断，患者无法看病，黑客方要求在三天内交付 300 万美元的比特币，七日内未交付将删除电脑中的全部数据。此次大范围攻击事件就是利用了网络系统的漏洞，加上人为进行破坏，使得全球多国也都受到了"勒索"病毒攻击。②

除了内部技术和外部人为破坏的因素，目前个人健康信息存留期限和存留地域的规则较为不透明。例如，在新冠疫情期间，我国政府因防疫需要通过健康码收集个人健康信息。但是，该信息的存储期限是多久？健康码下线后，个人健康信息是继续存储在数据库中还是已经删除？何时删除？这些问题没有在相关的规则中加以明确。因此，规则的不透明将无法对已经被存储的个人健康信息进行有效控制，甚至可能发生存储混乱、数据篡改或失窃等问题。

（二）分析信息时的风险

大数据时代下个人健康信息的分析研究较之传统时代拥有更多的手段和方式。传统时代个人健康信息分析的实现场景主要是在医疗机构中，靠医生和相关专业人员的知识和经验，也会靠专业的医学设备来进行分析，而在当今社会，出现了更多的形式对个人健康信息进行分析，例如与用户几乎贴身使用的智能穿戴设备、大数据时代将人工智能算法应用到医学领域等。随着科技的发展，这些分析形式诚然能够给医疗领域带来更新的事物、更长远的发展前景，但是相关的应用风险也随之而来。

---

① 北京德恒（深圳）律师事务所律师：《健康医疗行业数据合规现状》，载知乎网站，ht-tps：//zhuanlan. zhihu. com/p/627624132，2024 年 2 月 3 日访问。

② 《【紧急】这种"病毒"全球大爆发！攻击仍在持续，多所高校已中招！》，载微信公众号"央视财经"2017 年 5 月 13 日，https：//mp. weixin. qq. com/s/n1Q_Lqu6jsUHAlWs0Pvwrg。

1. 利用智能穿戴设备技术分析个人健康信息的风险

如前文所述，智能穿戴设备就是可以随时穿戴的智能电子设备，例如 Spire Health Tag①、智能坐垫、鞋底设置芯片等。当然其中最典型的是智能手表，其佩戴在用户手腕上用来检测个人健康信息，包括但不限于血氧饱和度、心率、睡眠、运动状况等内容。智能穿戴设备实时监测个人健康信息，对收集到的信息进行分析，挖掘出潜在的经济效益，但同时也存在信息分析结果存在误差的概率。另外，由于智能穿戴设备在使用时几乎是紧贴着用户身体的，与个人的距离比智能手机更近，可以在人们几乎毫无察觉的时候收集和分析信息，因此个人用户也极易在不知不觉中遭受健康信息泄露、被滥用，甚至因此被歧视等风险，具体体现在以下几个方面。

第一，智能穿戴设备对信息的分析存在误差。智能穿戴设备毕竟不是专业的医疗器械，预测结果与真实结果会存在差别。例如关于心率的检测，市场中几乎所有的智能穿戴设备都能够检测用户的心率，但心率检测的准确度会受肤色、运动状态等因素影响，特别是用户剧烈运动后，智能手表对心率的检测结果会发生滞后现象，那么依靠检测出的数据分析得出的个人健康状况结果自然也会产生误差。② 如果再将该误差放到互联网大数据中，结合其他数据信息进行分析，必然会产生联动效应，最终将导致个人健康信息主体的相关权利被实质性剥夺，而且其对智能穿戴设备所造成的 "算法黑箱"③ 几乎没有更正或者删除的能力。

第二，智能穿戴设备增加了个人健康信息泄露的风险。例如 Website-

---

① Spire Health Tag 是 Spire 公司发布的一款设备，它的体积非常小巧，可以贴在衣服上，直接与皮肤接触，作为个人健康跟踪器使用，可以追踪用户的心率、呼吸、活动、睡眠模式以及实时压力水平，这些数据都可以通过 Spire Health Tag 发送到智能手机上，然后为用户提供实时建议。

② 《市面上几款可穿戴设备心率检测误差分析》，载知乎网站，https：//zhuanlan. zhihu. com/p/124647801？utm_id＝0，2024 年 2 月 15 日访问。

③ 算法黑箱是指由于技术本身的复杂性以及媒体机构、技术公司的排他性商业政策，算法犹如一个未知的 "黑箱" ——用户并不清楚算法的目标和意图，也无从获悉算法设计者、实际控制者以及机器生成内容的责任归属等信息，更谈不上对其进行评判和监督。

Planet 研究团队①发现了一个没有密码保护的数据库，其中有包括超 6100
万条用户记录，包括姓名、身高、体重、地理位置等内容，根据对数据
的分析，这些数据大部分都来源于 Fitbit 设备②和苹果 Healthkit③，使用这
些健康追踪穿戴设备的用户面临着健康数据泄露的风险。④ 另外，智能穿
戴设备进行个人健康信息采集后，大都将这些信息存储在厂商的云服务
器里，此时可能会因为存在安全漏洞或管理不善，导致用户个人健康信
息大量泄漏的风险大大增加。

　　第三，利用智能穿戴设备分析个人健康信息的结论可能给用户带来
被歧视的风险。例如，2020 年杭州某公司的老板给员工发放了智能坐垫，
美其名曰是奖励给员工的福利，用于检测员工心率、呼吸、疲劳度、入
座时长等。⑤ 但是，这些数据会同步到公司后台，员工的行踪会被监测，
成为员工工作表现的评定标准之一。除了该起案例中的公司负责人会利
用智能坐垫给员工贴上工作表现不同的标签，有些商业公司为了明确市
场营销的区分度，分析用户的各种健康信息进而将其进行分类，贴上
"肥胖""糖尿病关注""备孕夫妻"等各种标签。这些标签隐含了对用
户的刻板印象，甚至是恶意的偏见与歧视。

　　2. 医疗人工智能算法带来的风险

　　大数据时代将人工智能带到了医疗领域，一方面有效提升了医疗服
务质量，但另一方面，医疗人工智能算法的分析和运行依靠的是海量的

---

　　① Website Planet 创立于 2013 年，是全网最优信息库，与多家数据隐私机构和计算机应急
协调中心（CERT）合作，共同识别网络威胁，保护企业和组织的用户数据。2019 年，在世界知
名分析师诺亚·罗特姆（Noah Rotem）和兰·罗卡尔（Ran Locar）的带领之下，Website Planet
成立了公益性质的网络安全分析团队，通过挖掘并报告世界各地的严重安全威胁，保护了超过 1
亿人的数据。

　　② Fitbit 是美国旧金山的一家公司，经营健康设备，其发布的同名产品 Fitbit 记录器可以记
录用户一整天的运动，不仅仅能够记录步伐，还可以算出用户在坐、走或跑时的体力消耗情况，
并分辨用户何时做了什么。

　　③ Healthkit 是 2014 年苹果公司发布了一款新的移动应用平台，可以收集和分析用户的健
康数据，这是苹果公司计划为其计算和移动软件推出的一系列新功能的一部分。

　　④ 《报告：健身跟踪器数据泄露在网上暴露了 6100 万条记录和用户数据》，载百度知道网
站，https：//zhidao. baidu. com/question/1186531653700024019. html，2024 年 2 月 14 日访问。

　　⑤ 《目瞪口呆！老板发的"福利"坐垫，竟被发现可监控员工全天作息？》，载微信公众号
"新闻坊"2020 年 12 月 25 日，https：//mp. weixin. qq. com/s/1drJj1yJZ17is8rAyM7sDg。

个人健康信息，在这一处理过程中将会对个人健康信息的保护产生不利影响。

第一，在医疗人工智能算法处理过程中易出现"算法黑箱"。医疗人工智能算法获取个人健康信息的途径，不只有传统的收集，还有通过推测获得。例如，麻省理工学院的研究人员研制过一款名为 EQ-Radio 的情绪检测仪，它的工作原理是用无线信号接触一个人的身体后回弹，进而分析该主体的呼吸和心跳信息，来识别出个人的各种情绪，同时算法也会根据已有信息推测出其他特征化的个人健康信息①。如果在未经主体同意的情况下，通过这种推测方式获得个人健康信息的行为就会潜在地侵犯信息主体的知情同意权，对个人健康信息的保护带来不利影响。

第二，医疗人工智能的算法分析可能会给用户造成诱导而出现选择错误。目前医疗领域的人工智能算法还存在许多漏洞，无法精准地为个人用户进行推荐，还需大量数据进行支撑，提高算法的精确度。因此，鉴于医疗人工智能的算法分析可能存在无法理解的运行逻辑，极有可能通过个性化推荐作出偏见性诱导，致使用户在相关信息的诱导下选择到了不合适的医疗产品、医疗方案而损害自身健康。② 信息主体提供个人健康信息的目的是希望大数据算法能够提供精准的治疗决策，但由于算法分析的诱导却可能贻误病情，与最初提供信息的目的背道而驰。

另外，医疗人工智能算法的分析处理给医疗健康及生物识别信息保护也带来了挑战。由于医疗领域的个人健康信息过于敏感，涉及了生物识别信息，对数据信息的加工利用不限于个人，而扩大到了群体的分析，例如进行种族画像，给群体利益及公共安全带来了一定的挑战。

三 个人健康信息使用过程中的风险

大数据时代个人健康信息的流动性大大增加，这一方面能够助推医疗数据共享，通过跨部门、跨区域的医疗数据共享达成医疗共享信息化

---

① 《MIT 研发情绪检测仪 EQ-Radio：秒懂你的心事 》，载搜狐网站，https：//www. sohu. com/a/114788965_188123，2024 年 2 月 15 日访问。

② 徐着雨、岳远雷：《医疗人工智能算法风险防范的法治化思考》，《医学与哲学》2023 年第 11 期，第 67—71 页。

的目的①，进而满足人们对医疗资源的需求。但另一方面，数据流动与传播也增加了个人健康信息泄露的风险，进而导致健康信息被非法利用及不当使用的比例升高，个人健康信息"更正权"落空的风险以及信息脱敏化处理时产生的风险随之增加。

（一）医疗数据共享导致的风险

在传统的医疗背景下，个人健康信息的处理者单一，且有知情同意规则作为事前预防的手段，信息主体针对个人信息的更正权便于行使，信息脱敏后被重新识别的风险较低，这一系列的有效保障措施使信息主体对自己的健康信息拥有较大的控制权。但在医疗数据共享这一使用个人健康信息的背景下，不得不面对的一个问题是信息处理的主体逐渐增多，数据共享将健康信息向特定或不特定对象开放，而开放的后果则是这些健康信息经由共享对象再次共享他人。即通过不断传输和共享，个人健康信息的使用范围不断扩大，如果缺少严格的规范、监督，一旦传输过程中的某一环节出现纰漏，将会产生个人健康信息被非法利用的风险。

（二）个人健康信息被非法利用的风险

大数据时代，随着个人健康信息商业价值的快速增长，信息被非法利用的风险逐渐加大。这其中既有内部医务人员利用职务便利贩卖个人健康信息，蓄意造成"行业性"泄露的事件，也存在部分医疗机构及其工作人员缺少对患者个人健康信息的保护意识，源于内部监管不到位导致外部人员对信息的非法窃取和利用。大数据时代还出现了数据中间商的概念，其在处理个人健康信息的过程中，往往缺少信息主体的事前同意，给个人健康信息带来更多的使用风险。

1. "行业性泄漏"问题

根据著名咨询机构 Verizon 的一个数据泄露报告显示，医疗行业的内部威胁占比 60%，外部威胁占比 40%，即在所有的行业中，医疗行业是

---

① 韩茜：《医疗共享下的个人健康信息保护研究》，硕士学位论文，河南财经政法大学，2023 年。

唯一一个内部威胁大于外部威胁的行业。① 因此，医务人员的"行业性泄漏"问题是个人健康信息使用过程中产生重大风险的来源之一。究其原因，首先，医务人员最容易接触到患者的个人健康信息，如果医疗机构的内部监管机制不到位，加之部分从业人员法律意识淡薄，可能诱发医务人员倒卖信息，从中赚取好处费等案件的发生。2022 年最高人民检察院发布了侵犯公民个人信息犯罪的典型案例之一：韦某、吴某甲、吴某乙侵犯公民个人信息案。被告人韦某是某医院产科主管，被告人吴某甲、吴某乙经营了一家专门为产妇提供按摩服务的保健中心，为扩大客源，吴某甲以报酬加消费提成的方式让韦某提供产妇信息。2018 年至 2020 年 6 月，韦某利用职务之便，自行或者欺骗同事将产妇的个人健康信息拍照后通过微信发给吴某甲，吴某甲、吴某乙利用上述信息发展客户。其中，出售的信息包括产妇姓名、住址、电话号码、分娩日期、分娩方式等产妇健康信息 500 余条，最后韦某、吴某甲、吴某乙均以侵犯公民个人信息罪被判处刑罚。② 在本案中，韦某作为医务人员没有遵守医院纪律，没有遵守法律规则，将产妇敏感的个人健康信息出卖，侵犯产妇的隐私权，也危害了医疗体系信用。其次，部分医务人员对患者的个人健康信息保护意识不够，一些无意识但违反职业操守的行为也会泄露患者的个人健康信息，例如随意在网上公开患者的个人健康信息、检测报告随意摆放、随意丢弃患者报告等行为，都会导致患者的个人健康信息泄露。同时，部分医院的电脑常常处于半开放状态，容易被不法分子接触，使高度敏感的个人健康信息面临着被窃取和泄露的风险。

2. 其他主体对个人健康信息的非法买卖

大数据时代下，个人健康信息广泛应用于公共管理、健康管理、药品研发、临床科研等各个领域，存在着巨大的潜在价值。但是，高价值性也带来了高风险，不法分子为了追求高额回报铤而走险，非法买卖个人健康信息的事件频发。例如，2016 年深圳发生了一起侵害公民个人信

---

① 《医疗行业的信息安全状况如何？》，载知乎网站，https://www.zhihu.com/question/458794054/answer/2605209964，2024 年 2 月 12 日访问。

② 中华人民共和国最高人民检察院：《最高人民检察院发布 5 件依法惩治侵犯公民个人信息犯罪典型案例》，载中华人民共和国最高人民检察院官网，https://www.spp.gov.cn/xwfbh/wsfbt/202212/t20221207_594915.shtml#1，2024 年 2 月 13 日访问。

息的案件。被告人使用手机拍照的方式对深圳市妇幼保健院数百条孕妇的个人健康信息进行窃取，后将窃取的孕妇个人健康信息兜售贩卖，来获取相应的利益。① 程某、邱某侵犯公民个人信息罪一案中，被告人程某为增加其保健产品的销售量，利用 QQ 和微信向他人购买大量公民个人健康信息，其中包括"某健康咨询有限公司"所持有的约 2 万条信息。② 虽然本案中的被告人未将获取的信息进行非法出售，但其为获取经济利益，收受和购买个人健康信息的行为，已经严重侵犯了信息主体的隐私安全，其安宁生活以及人格利益将会受到侵害。

3. 数据中间商对个人健康信息的不当处理

作为大数据时代发展的产物，数据中间商是"通过除信息主体以外的来源收集个人信息或者通过推断获得收入的商业机构或业务部门"③。数据中间商的信息来源不是信息主体，而是通过技术收集的公开信息或者信息处理者无法处理识别的个人健康信息。数据中间商利用大数据进行分析、勾画，进而生成用户健康画像，预测个人健康状况，处理个人健康信息以此来获得报酬。

由于数据中间商的数据来源不是信息主体，对健康信息的处理往往是在信息主体不知情的情况下进行的，这种不当处理就会产生很多使用风险：首先，侵犯信息主体的隐私权。个人健康信息不同于一般的个人信息，具有高度敏感性，蕴含更多的人格权益。数据中间商在信息主体难以察觉的情况下分析其个人健康信息，可能会涉及信息主体特别敏感的个人隐私，使其被贴上难以去除的社会化标签而被歧视，这将给信息主体带来极大的损害。其次，数据中间商收集的个人健康信息来源比较广泛，其获取并分析的信息内容真实性难以确定，导致分析的结果将存在偏差，而该分析结果可能会对信息主体的就业、投保等密切关联的各种活动产生比较大的影响。最后，数据中间商存储的大量个人健康信息也可能被黑客攻击，引发数据泄露，进而引发个人隐私泄露的恐慌。

---

① 参见（2016）粤 0304 刑初 999 号判决书。

② 参见（2018）鲁 1482 刑初 67 号判决书。

③ 杨朝晖、简雅娟：《大数据时代数据中间商处理个人健康信息的法律监管分析》，《信息安全与通信保密》2022 年第 9 期，第 109—117 页。

（三）个人健康信息"更正权"落空的风险

个人健康信息的更正权是指在发现信息记载不准确时，权利人可提出异议，请求医疗机构或相关的信息处理者更正信息的权利，这是信息主体对其健康信息进行控制和使用的方式之一。如果对错误的个人健康信息不及时更正，会导致信息主体的名誉、求职、就业、保险等诸多重要的生活环节受到负面影响。例如，重庆市第二中级人民法院在 2020 年发布的 8 例涉消费者权益保护典型案例之三：程某某等与某卫生室个人信息保护纠纷案，在本案中程某某到某卫生室就诊，将一家四人的医保卡都交给卫生室的工作人员录入信息，结果四人的疾病栏处均填成了"急性丁型病毒性肝炎"，由于该种肝炎是一种传染性很强的疾病，该错登信息导致程某某后续无法购买保险。[1] 法院最后判决由该卫生室承担相应的民事赔偿责任，并公开报刊对程某某一家人赔礼道歉。由本案可以看出，个人健康信息错误登记将给信息主体的个人生活带来极大的不利影响，赋予信息主体个人健康信息的更正权是非常有必要的。

然而在实践中，个人健康信息的更正权却难以落实，不足以实现对个人健康信息有效的事后保护。究其原因，在大数据时代，个人健康信息的收集主体增多、信息流通的速度更快、传播的范围更广，在一系列的信息传递过程中，信息主体很难知晓处理其信息的具体机构和实际情况，逐渐丧失了自己对信息的控制权，也就无从对个人健康信息的错误内容进行更正。例如，互联网平台的很多商业主体为了产品营销，在收集和分析个人健康信息后进行个性化推送，此时信息主体大概率并不知情，这种信息的不对称使信息主体无法行使更正权。另外，个人健康信息的更正权难以落实还源于更正程序较为复杂烦琐。由于目前还没有建立全国统一的电子病历系统，个人健康信息如果登记错误，信息主体只能向载有出错信息的平台一一进行更正，时间与精力甚至钱财的付出巨大。

（四）个人健康信息脱敏化处理时产生的风险

个人健康信息脱敏化处理是指在不影响个人健康信息可用性的前提下，对个人健康信息进行技术处理，使处理后的信息无法直接与信息主

---

[1]　参见（2020）渝 0154 民初 5749 号判决书。

体相关联的过程。脱敏化处理是个人健康信息安全保障的重要内容,假名化、去识别化和匿名化是数据的脱敏处理方式①。尽管对于医疗行业来说,这个处理过程十分重要,但是实务中的脱敏化处理却存在一些困境,导致个人健康信息的安全存在一定的风险。

第一,个人健康信息的脱敏处理缺乏相应的标准。目前我国法律并没有对数据的脱敏处理规定统一的标准和具体的准则,仅仅作出"推进数据脱敏使用"等类似的规定。② 在缺乏相关规范的情况下,数据脱敏的有效性难以保障。③ 即被脱敏技术处理后的个人健康信息是否真的"脱敏",目前尚未有统一的执行标准。一旦信息处理者声称某些个人健康信息已然经过脱敏处理,就会被认定为可以二次使用且无须获得信息主体知情同意的个人信息,这对个人健康信息保护的伤害性是极大的。

第二,个人健康信息的脱敏技术存在问题。当前的数据脱敏技术主要分为静态脱敏和动态脱敏两大类,但是无论哪一类,都存在经过二次处理后个人健康信息仍会被重新识别的风险。因为在大数据背景下,经过脱敏处理的个人健康信息加上海量的相关数据支撑,与其他数据联系后仍可能具有识别。例如,英国有研究人员发现,只需要知道少数的几个属性,就可以利用匿名数据的集成功能识别个体身份,并且预估了这种情况下重新识别个体身份的可能性。④ 由此可见,数据脱敏后被重新识别将成为个人健康信息无法忽视的使用风险。

四 个人健康信息删除与销毁过程中的风险

对个人健康信息进行删除和销毁处理是信息应用流程中非常重要的环节,其目的是为了防止具有隐私性的健康信息被不当利用或泄露。但

---

① 李黎:《北源研究丨数据脱敏、加密、假名化、去标识化与匿名化的区分》,载微信公众号"北源有数"2020 年 9 月 17 日,https://mp. weixin. qq. cm/s/UCv2UyW-PmbggVfHJdH4BA。

② 《医疗卫生机构网络安全管理办法》第二十二条第(一)项:"各医疗卫生机构应加强数据收集合法性管理,明确业务部门和管理部门在数据收集合法性中的主体责任。采取数据脱敏、数据加密、链路加密等防控措施,防止数据收集过程中数据被泄露。"

③ 王莹:《数据脱敏暂无标准 用户信息安全保障缺失》,载第一财经 App,https://baijiahao. baidu. com/s? id = 1587941406841285691&wfr = spider&for = pc,2024 年 2 月 17 日访问。

④ 张梦然:《数据匿名化或难以保护个人隐私》,载中华人民共和国国家互联网信息办公室官网,https://www. cac. gov. cn/2019 - 07/24/c_1124790603. htm#,2024 年 2 月 18 日访问。

与此同时，删除与销毁信息的过程也都存在一定的风险，前者表现在删除权的行使困难及其选择困境；后者的风险则主要体现在数据残留、数据备份以及规范不明等方面。具体分析如下。

（一）个人健康信息删除权的困境

大数据时代个人健康信息删除权难以行使。传统时代下，个人健康信息一般存储在纸质病历中，接触信息的人群有限，查询信息较为困难，几乎不存在信息的流通性，这种情形下信息被"遗忘"的程度较高，删除权的行使并非绝对必要。然而在大数据时代，个人健康信息被频繁录入互联网，形成诸如电子病历、个人健康电子档案等。这些海量的个人健康信息变成数据信息可以被永久保存及不断被共享，这就使互联网对信息的"记忆"增强，信息主体对信息删除权行使的意愿和诉求也随之增加。

目前，虽然我国法律赋予了信息主体享有数据的删除权[①]，但是云备份等大数据技术和措施都可以用来加强数据的存储能力，这样就为信息主体删除权的具体行使设下了更多的障碍。而且在大数据共享、流通的作用下，信息主体实际上很难知道哪些信息处理者掌握了自己的健康信息，无法有针对性地行使相应的删除权。另外，删除个人健康信息的行为会与诊疗安全存在一定的冲突。如一个完整的诊疗行为一定包含问询患者的既往病史等健康信息，一旦这些信息内容任由患者即信息主体随意删除，甚至永久性删除，可能会使患者诊断时面临一定的医疗风险。因此，个人健康信息的删除权不是绝对的，该权利的行使应受到公共利

[①]　我国《民法典》第 1037 条第二款规定："自然人发现信息处理者违反法律、行政法规的规定或者双方的约定处理其个人信息的，有权请求信息处理者及时删除。"自然人在符合条件的情况下可以行使删除权；《个人信息保护法》第 47 条规定："有下列情形之一的，个人信息处理者应当主动删除个人信息；个人信息处理者未删除的，个人有权请求删除：（一）处理目的已实现、无法实现或者为实现处理目的不再必要；（二）个人信息处理者停止提供产品或者服务，或者保存期限已届满；（三）个人撤回同意；（四）个人信息处理者违反法律、行政法规或者违反约定处理个人信息；（五）法律、行政法规规定的其他情形。"该条详细规定了个人删除权行使的条件；《网络安全法》第 43 条规定："个人发现网络运营者违反法律、行政法规的规定或者双方的约定收集、使用其个人信息的，有权要求网络运营者删除其个人信息；发现网络运营者收集、存储的其个人信息有错误的，有权要求网络运营者予以更正。网络运营者应当采取措施予以删除或者更正。"个人有权要求网络运营商删除其信息。

益和行使其他权利的约束和限制。

（二）个人健康信息在数据销毁过程中的问题

数据销毁是指对不需要的个人健康信息要进行一定的技术处理，达到完全消失、不能识别、不能恢复的目的。数据销毁通常包括消磁法、剪碎法、焚毁法、数据覆写等方法①，其意义是使经销毁处理的个人健康信息不会被恶意恢复而造成信息泄露等风险。2023 年 3 月 2 日，江苏省无锡市举行了涉疫个人数据的销毁仪式，首批销毁数据 10 亿条，为确保新冠疫情期间当地政府收集到的个人数据彻底销毁、无法还原，还邀请了第三方审计和公证处参与工作，全力保障了公民的个人健康信息安全。② 但是，数据销毁过程中存在一些问题将会影响销毁的有效性，具体包括：首先，我国对于数据销毁的具体规定有待完善。目前，《医疗卫生机构网络安全管理办法》第二十二条第七项中提到了医疗领域的数据销毁，规定采用无法还原的方式销毁数据时要注意数据残留及备份的风险，③ 但是有关数据销毁的标准、具体执行准则以及后续的监管问题都没有涉及，因此，我国关于医疗数据销毁方面的规定还有待完善。其次，由于技术问题个人健康信息在删除过程中极易引发数据残留。例如，医疗机构、健康管理软件或平台、数据中间商等信息处理者如果没有采用有效的技术对数据进行删除，后续也没有进一步进行检查和监管，极大可能会出现数据销毁不彻底、虚假销毁的情况，这将导致销毁的数据可以被恢复，无法实现数据销毁的真正目的。最后是数据备份带来的风险。很多的数据为了保证其完整性，防止信息丢失，往往会采用备份的方式来进行存储。删除数据的时候如果没有对备份的内容一并删除的话，同样也会造成个人健康数据被违规恢复，个人隐私面临泄露的风险。

---

① 《数据销毁的几种方法》，载知乎网站，https：//zhuanlan. zhihu. com/p/574781002，2024年 2 月 20 日访问。

② 江苏省人民政府：《无锡市首批个人涉疫数据销毁》，载江苏省人民政府官网，https：//www. jiangsu. gov. cn/art/2023/3/2/art_76927_10784995. html，2024 年 2 月 21 日访问。

③ 《医疗卫生机构网络安全管理办法》第二十二条第七项："数据销毁时应采用确保数据无法还原的销毁方式，重点关注数据残留风险及数据备份风险。"

第二节　个人健康信息应用中的潜在歧视

大数据技术与医疗健康技术的融合发展引发了一场"医疗健康变革"，技术的高速发展使得个人健康信息的获取、传输和计算的成本大幅下降，个人健康信息的数据深度和广度不断变得更加丰富，个人健康信息安全问题也越发引起人们的重视。随着大数据在个人健康信息中的应用越来越广泛，在个人健康信息应用中的潜在歧视就不断显现，如在应用阶段，个人健康信息的不平等访问和利用；在数据收集阶段，隐含的偏见可能会带来潜在风险；在最优训练过程中，由于公平的缺失，将会造成算法中的偏差；在数据输出阶段，缺少透明性将会影响最终成果，这一状况在资料收集阶段又使偏向性愈加严重，从而造成一种恶性循环。

一　个人健康信息的不平等访问和利用

从个人健康信息应用社会大环境来看，大数据时代个人健康信息的不平等访问和利用主要体现在健康信息主体之间的差距性上。

首先，随着医疗健康企业的发展，个人健康信息呈井喷式增长，更多、更有价值的个人健康信息掌握在各种医疗健康企业的商业巨头手中，真正开放给个人的健康信息是少量有效信息和大量无价值信息的集合，作为信息贫困者的个人与作为信息掌控者的企业相比，只能被动等待通知。此外，不同的健康企业之间健康信息不共享也加重了个人健康信息应用中不平等访问和利用的现象。

其次，由于个人健康数据包含了云计算、可视化、数据挖掘、数据存储和实时计算等多种大数据技术的应用，一些互联网普及率相对较低的经济欠发达地区可能尚未搭建完备的信息技术基础设施，医疗大数据发展的脚步在此类地区举步维艰，而经济发达地区可以更快地将这些高科技引入到城市发展的脚步中，这将不可避免地扩大地区间健康信息访问和利用的不平等性。

最后，个人健康信息应用不平等访问和利用会影响社会资源的"公平存取"，"公平存取"是指当人们的身体状况得到提高时，能够公平地获得和使用卫生资源。这一概念尤其关注那些因年龄、健康状态、种族、性别等因素而处于不利地位的特定群体,包括老年人、残障人士、少数民族、女性及偏远地区居民。在这些群体中,特别是 65 岁及以上的老年人群,面临着与互联网使用的相关显著障碍,该障碍在青年人中较少见。随着越来越多的线下医疗转为在线,那些无法访问在线渠道的人将会被进一步排斥。健康状况欠佳的人群由于健康需求较大,相较于健康人群,他们对获取更多社会福利的渴望也更为迫切。实际上,技术进步反而可能构建起新的障碍,加剧了包括听力障碍者和行动不便者在内的健康状况欠佳的人群在个人健康信息利用方面的不平等。例如,缺少字幕或手语翻译的在线健康视频,限制了听力障碍者通过这些渠道获得信息的能力。

综上所述,在医疗服务数字化转型的背景下,健康医疗大数据应用中个人健康信息的不平等访问和利用困境凸显。为进一步推动健康医疗大数据应用发展,需要在创新与风险之间找到行动均衡点以规避个人健康信息的不平等访问和利用问题。要实现真正的"公平获取",必须采取措施识别并解决这些不平等,确保所有人都能平等地访问和利用卫生资源。

二 个人健康信息应用收集数据的算法偏见

数据是个体健康信息应用的核心,也是产生算法偏差的根源。在大数据应用中,个人健康信息收集存在算法偏见。

高效的大数据分析建立在海量数据资料基础上。算法偏见通常源于收集数据的潜在偏见,医疗服务领域的算法偏见表现为可能基于年龄、身体状况、种族和性别等身份因素中现有收集数据的不平等,侵犯了个人权益,导致某些弱势群体较难获得医疗资源和治疗。从表面上看,个人健康信息可以作为人工智能算法的训练标签,全面反映患者的疾病风险,收集的个人健康信息越多,就越容易准确显示疾病风险值,从而准确识别高危人群。但实际上,这种收集数据所造成的偏见可能是导致人工智能算法忽视个人健康信息的根本原因。

首先,个人健康信息应用通常基于用户自愿提供的数据进行分析和建模。过去,大多数关于个人健康信息要么是通过自我报告收集,要么是通过医生诊视收集,在这个个体健康信息的采集过程中,往往会存在人为偏差。这些数据可能不具有代表性，因为只有特定类型的人群愿意使用这些应用并共享他们的个人健康信息，故从这些数据中得出的结论可能无法推广到整个人群，导致样本偏见。比如，经济条件优越的群体更有可能接受医疗保健服务（如门诊就医），也更有可能提供更完整的个人健康信息，这一事实进一步导致人工智能系统对个人健康信息的学习产生偏见，倾向于将经济条件优越的群体错误地归类为高风险群体，最终将更多的医疗卫生资源推送给此类群体，并可能影响经济条件较差群体的健康公平性。

其次，个人健康信息应用可能倾向于收集某种类型的数据，而忽略其他重要的健康因素，如华为健康应用 App 更注重体重和运动习惯等生活数据，而忽视心理健康或社会支持系统等方面的数据。在医疗问诊中，针对男性与女性常见病的差异，医疗人员会在就诊时因性别不同，出于经验撰写常见病的病历，而关于此类医疗记录等无公式化结构的文本数据将致使个人健康信息应用所收集的数据产生偏差进而形成算法偏见。此类算法偏见可能导致对个人整体健康状况的不完整或不准确的认知。

最后，个人健康信息的收集和存储可能涉及敏感的医疗和个人健康信息。如果个人健康信息应用未能妥善保护用户隐私和数据安全，用户可能因担心数据泄露或滥用而不愿意使用这些应用，从而导致收集的数据产生偏差。举例而言，在江苏昆山侦破公安部督办全国首例侵犯公民健康信息案中，警方依法刑事拘留的 25 人中，涉案医院人员过半。经查，嫌疑人孙某从网上大量购买医院的患者个人健康信息后通过其设立的网站再贩卖给全国各地的医院牟利。而北京、上海、广州、深圳、武汉、沈阳、长沙等地的一百余家医院，都曾经从孙某处购买患者个人健康信息用于商业营销。因疏于保护患者个人健康信息，而导致医疗机构受到处罚的案例屡见不鲜。公众因此对个人隐私的不安，会对个人健康信息收集产生抵触性，个人健康信息应用收集数据不全面，所收集的数据就会产生算法偏差。

三　个人健康信息应用优化缺乏公平性

个人健康信息应用优化是指对个人健康信息管理和利用的技术、流程和用户体验进行改进,目的是提高个人健康信息的收集、存储、传输和利用的效率、安全性和便捷性,而准确性和公平性是评估个人健康信息应用程序优化的重要参数。准确性侧重于评估应用程序的预测值是否与实际情况相符,公平性则侧重于评估应用程序的预测能力在不同群体之间是否存在差异,如预测值或假阳性率的差异。[1]

由于优化个人健康信息应用程序的过程是由人类设计和开发的,因此结果的准确性并不能保证这些应用程序对网络闭塞群体(如偏远地区的老年群体)一视同仁。换句话说,结果的准确性并不等同于公平性。具体来说,如果在开发个人健康信息应用程序时忽略了公平指标,算法就会从所收集的个人健康信息中学习到无限多的潜在偏见(如前文所述),形成基于规则的偏见逻辑,导致弱势群体受到不公平对待。例如,如果一个健康应用程序的算法在评估糖尿病风险时过度依赖收入水平,那么低收入群体可能会被错误地贴上高风险的标签。这种基于应用程序算法规则的偏见逻辑会导致弱势群体受到不公平对待,故开发个人健康信息应用程序时考虑公平性指标是至关重要的。通过采用公平性评估工具和策略,开发者可以避免算法学习到诸如上述不全面的数据,并确保应用程序对所有用户都提供公正、准确的服务。

此外,在个人健康信息应用软件的优化阶段,训练方法和训练内容的选择会直接影响公平性。举例来说,如果一个健康应用程序的训练数据集主要包含了特定种群的健康信息,比如高收入群体或特定族群,那么训练出来的算法可能会偏向于这些群体,而忽视其他群体的健康特点及需求,当该训练数据集中缺乏低收入群体的健康信息时则无法有效地服务此类群体。在这种情况下,即使应用程序的结果在高收入群体中表现良好,但可能会导致对低收入群体的不公平对待和提供信息的不对称。因此,在优化个人健康信息应用软件时为避免算法学习到偏见并确保公平性,确保训练数据集的代表性和多样性非常重要。通过考虑不同群体的健康信息和需求,可设计出更具公平性和普适性的个人健康信息应用程序,为所有用户提供均等的健康服务和支持。

----

① 陈龙、曾凯、李莎等:《人工智能算法偏见与健康不公平的成因与对策分析》,《中国全科医学》2023 年第 19 期,第 2423—2427 页。

综上，个人健康信息应用软件输出的准确性并不等于公平性。如果在选择训练方法和训练内容时只强调准确性而忽视公正性，算法将更容易学习到个人健康信息中的偏差，损害部分人群的健康权益。

四　个人健康信息应用输出缺乏透明度

个人健康信息应用输出是指该应用程序根据用户提供的个人健康信息和所采集的数据，向用户提供的各种健康相关信息、建议或者预测结果，如健康风险评估、健康建议、健康监测和疾病诊断辅助等。当前大数据在个人健康信息应用的输出过程中缺乏透明度。基于用户的健康信息和应用程序所学习到的知识，健康应用程序可能会输出个性化的包括饮食、运动、用药等方面的健康建议，以帮助用户改善健康状态，用户在必要时需寻求专业医疗建议。然而，企业在判断算法偏好时受利益影响会区别对待网络闭塞群体，损害相关群体的健康权益。

由于大数据本身具有"仅判相关性""黑箱"等特征（"仅判相关性"是指大数据分析主要关注数据之间的相关性，而不是因果关系。"黑箱"主要是指大数据处理过程通常非常复杂，包含了大量的算法和模型）。例如，实践中我们对同时患有肺炎、哮喘病人死亡风险的研究表明，同时患有肺炎、哮喘病人多在 ICU 就诊，由于重症救治技术及资源配置上的优势，此类人群的死亡率比单纯肺炎病人低，这就造成了大数据的异常关联，将患有哮喘误认为是肺炎病人的保护性因素。这使得在大数据构建与使用个人健康信息过程中面临着透明性不高的问题，即无法准确地评价人为选取对用户行为的影响，加重了算法的偏向性。另外，由于"黑箱"算法的复杂性，使得用户很难对输出结果的成因进行清晰、合理的解释。尤其在实际应用中，随着医疗大数据的广泛使用，以及个体健康状态的复杂程度，这些都将进一步加剧这个问题。阻碍其发现算法偏见的形成和影响。最终，基于大数据侧重结果型医疗决策不仅会引发医疗公平性问题，还会进一步加剧个人健康信息生成和采集中的隐性偏向，从而导致"算法偏向"的恶性循环。

第三节　个人健康信息的应用与信息
主体权利的冲突

21 世纪信息化时代的到来致使一方面个人健康信息与大数据依赖程度不断加深,增加了信息应用的便利性,另一方面网络的迅速发展也导致个人健康信息在应用中的不确定因素增加,特别在收集和使用健康信息方面存在重大隐患,信息主体的个人自主权、隐私权、知情同意权等权利极易受到侵犯。在此背景下,个人健康信息的有效应用与信息主体的相关权利冲突不断。

一　个人健康信息应用与个人自主权的冲突

个人健康信息应用中的个人自主权,是指个人健康信息主体对其自身产生的健康信息享有决定给予他人收集、使用、处理或拒绝等权利,[①]但大数据技术日益更新发展使个人自主权在个人健康信息应用中存在重大隐患、极易受到侵犯。

从个人健康信息在大数据应用中的收集环节看,民众无论看病就医,还是健康体检首先需要通过医生问诊或者自我登记等方式建立个人档案。即使人们为了健康检测所佩戴的便携式设备（如运动手环）在第一次使用时都会录入使用者的健康信息,并在日常佩戴中不断更新其健康数据。各种健康类 App 对个人健康信息的收集也是无孔不入,而个人对这种收集却难以行使拒绝的自主权利,因为在多数商业健康 App 中,收集健康信息是其提供服务的前置程序,拒绝其收集的请求也就意味着放弃接受服务。

根据调查,大多数健康 App 均不能在未注册登录情况下体验完整功能,同意隐私政策又是注册成功的必要条件,少数健康 App 在隐私策略中明确提到会避免收集无关信息,而更新隐私策略后没有一款健康 App

---

① 姚岳绒:《论信息自决权作为一项基本权利在我国的证成》,《政治与法律》2012 年第 4 期,第 72—83 页。

会强制用户再次阅读并同意。① 以"华为运动健康"App 为例，虽然其在隐私政策中明确声称会在获取用户同意的基础上提供个性化广告的服务，同时将数据保存在云端服务器 2 年，却并没有给使用者提供明显的拒绝途径，需要用户点击进入广告隐私管理界面，在复杂的文本中寻找界面入口并进行多次准确的点击操作才可以完全关闭数据保存功能。

从 2017 年至 2020 年，全球健康类应用程序的数量实现了 10.3% 的增长，其中，2019 年健康和健身两个领域的 App 总下载量大约达到了 19.7 亿次②，到 2021 年为止，这个数值已经攀升至 24.8 亿次且仍存在持续增长的趋势。在大数据时代背景下，一旦健康信息处理者如上述商业健康 App 利用自己与作为健康信息主体的个人之间地位的不对称，不恰当地收集和应用健康信息，将导致信息主体的个人自主权逐渐被边缘化，主体与信息相脱离，进而产生个人健康信息的保护与应用之间的价值失衡。在此背景下，个人健康信息中的个人自主权应受到重视并加大保护力度。

二　个人健康信息应用与公民隐私权的冲突

隐私权利一直作为核心人权受到世界各国的重视。然而，近几十年来，各行各业大量且频繁地利用大数据技术，通过互联网、物联网等方式收集、分析、挖掘相关的数据资源，优化自己的产品和服务，强化核心竞争力。特别在数据技术与医疗行业紧密结合的背景下，个人健康信息的隐私保护受到越来越多的挑战。自 20 世纪 80 年代以来，世界各国为应对上述挑战试图通过一系列的数据保护立法维护个人的健康信息，但是立法与公共政策经常难以跟上大数据技术日新月异的发展速度。实践中，大数据的许多属性使登记健康信息的个人用户难以控制信息的收集、加工、使用和删除的方式，亦难以保障个人用户控制自己健康信息的权利。同时，医疗数据传播的速度之快、范围之广、跨度之大，难以判断

---

① 姚岳绒：《论信息自决权作为一项基本权利在我国的证成》，《政治与法律》2012 年第 4 期，第 72—83 页。

② 大飞哥：《2021 年健康、健身 App 总下载量近 25 亿，未来软硬件的新风口在哪?》，载天极网，https：//wearable. yesky. com/416/725986916. shtml，2024 年 1 月 25 日访问。

被传输的数据经过了哪些机构、企业以及归属的司法管辖范围。在此背景下，个人健康信息的应用对公民的隐私权产生了严峻的挑战，具体表现在以下几个方面。

1. 个人健康信息收集和利用对个人健康信息中公民隐私权的影响

大数据时代极强的数据收集能力增加了隐私被侵犯的可能性。博客（BLOG）、简易信息聚合（RSS）、百科全书（Wiki）、网摘、社会网络（SNS）、对等网络（P2P）、即时信息（IM）等典型的 Web2.0 技术，使得人类活动的任何痕迹都可能作为数据被储存起来。

在"冯某、某市第二人民医院隐私权纠纷"中，原告在 2020 年 5 月23 日发生的交通事故经被告诊断为器质性精神障碍并被建议转往上级医院接受治疗。为此，原告办理了取保候审手续，并开始在长春市第六医院接受住院治疗。[①] 然而，在原告取保候审后，有人对原告是否真的患有精神疾病提出了质疑，认为原告是借助行贿等手段获得相关诊断并通过手机摄像和拍照等方式非法获取了原告的私密就医活动、个人信息和病历资料后，将上述信息散布到原告居住小区的街坊邻居以及相关单位并传播原告患有精神疾病的谣言。这一行为导致原告不得不向相关单位和个人解释和说明情况，单位还要求对原告进行精神状态的司法鉴定，给原告的正常就医活动带来了困扰并严重影响了原告的心理健康。这种未经他人授权，通过非法或秘密窃取的方式收集和利用他人的个人健康信息的方式，使得公民隐私权的保护面临较大威胁，对个人健康信息共享造成一定的负面效应，阻碍医疗健康行业的数字化发展。

2. 大数据的分析和预测对个人健康信息中公民隐私权的影响

大数据在个人健康信息应用的核心是预测，即通过算法和数据模型预测事件发生的概率。在个人健康信息应用中，运用大数据技术的主要目标之一就是预测疾病的发作，以便及时预防和治疗。

这种基于个人健康信息的数据分析和预测已渗透公民生活的方方面面，极易诱导利益相关者利用个人健康信息对人群进行选择和分类，使人们在获取医疗保健领域的福利等方面受到歧视性待遇和不公正对待。通过使用健康信息推定个人隐私所引发问题的一个典型例子是"美国折

---

① 参见辽源市龙山区人民法院（2021）吉 0402 民初 2778 号判决书。

扣零售商塔吉特与怀孕预测"案件。[1] 美国著名零售商塔吉特超市通过在个人健康信息收集库中挖掘出 25 项与怀孕高度相关的商品测试女性购买相关商品的频率指数，通过这个指数，塔吉特超市能够在很小的误差范围内，预测女性消费者是否怀孕。美国一位 16 岁的高中生在 TARGET 超市买了无味湿纸巾和补镁药品（微量元素镁）就被 TARGET 超市锁定了怀孕，其随后为该高中生邮寄婴儿服装和孕妇服装的优惠券，这明显侵犯了女孩的个人健康信息。

3. 大数据的全方位监控对个人健康信息中公民隐私权的影响

大数据技术如区块链技术的飞速发展正在给健康卫生行业带来重大变革，使人们进入了一个个人健康信息全面监控时代，民众无时无刻不受到大数据持续监控和实时计算。人脸识别技术的兴起，手机、小区门禁等对自然人面部特征信息的采集、利用常态化，使现实生活中出现了诸多滥用他人人脸识别信息的行为，引发了人们对隐私权的担忧。

移动健康应用程序和可穿戴健身监测器广泛推广使用，根据 IDC（Internet Data Center，国际数据公司）《中国可穿戴设备市场季度跟踪报告》显示，2023 年第三季度智能手表市场出货量 1140 万台，同比增长 5.5%。其中成人智能手表 559 万台，同比增长 3.9%；儿童智能手表出货量 580 万台，同比增长 7.2%。IDC 预计，2024 年，成人智能手表将在产品差异化布局的推动下持续增长，如图 3 - 1 所示，成人智能手表的销售仍然是腕戴市场的重要组成部分。这些智能手表以及相关的应用程序都可以收集个人健康信息，观察健康状况的移动技术的进步与应用程序的数量的增加都非常令人惊讶。

个人健康信息收集将成为日常生活中几乎看不见的一部分，这些设备将收集和传输大量的健康数据流。随着人工智能技术的发展和进步，医疗数据收集将是恒定的、瞬时的和自动的，不再局限于医院诊所和医生与患者的记忆之中。这一切都凸显了一个事实：全面数字监控将大量个人健康信息集中在少数人手中，使得个人隐私无处可藏。因此，我们必须以全新的视角和方式去应对大数据监测中隐私权保护问题。

---

[1] 《思考大数据——Target 超市预测女孩怀孕"大数据"智慧还是愚蠢?》，载微信公众号"埃文科技"，2017 年 8 月 5 日，https：//mp.weixin.qq.com/s/eJTdx46iC4FzZN3CqE-NEw。

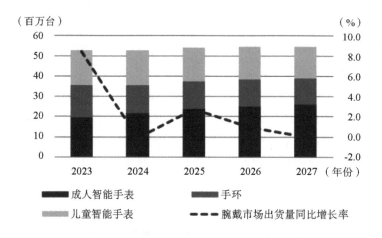

图 3 - 1 中国腕戴市场 2023—2027 年度出货量预测①

资料来源：IDC 中国，2023 年。

三 个人健康信息应用与知情同意权的冲突

我国《个人信息保护法》于 2020 年出台，该法将个人健康信息列为敏感个人信息，规定对该类信息的处理和应用须征得本人的独立同意。这虽然在形式上保护了健康信息个体的知情同意权，但在以大数据技术为核心、高度集约化的时代背景下，该项权利的实现在实务中却遭遇了困境：一方面，单独同意为个人健康信息的开发利用设置了较高壁垒，知情同意的获取难度与成本也被大幅抬高，如前文所述，这可能导致健康企业容易利用其垄断地位或与信息个体之间的信息不对称，绕过知情同意原则从而强制获取个体授权。另一方面，出于对公共卫生安全、流行病学研究以及优化医疗资源配置等对公众的重大利益考量，信息主体的个体权益难免需要做出一定程度的让渡，这也使得个人的知情同意权

---

① 《中国可穿戴设备市场季度跟踪报告，2023 第三季度》，载 IDC 官网，https：//www. idc. com/getdoc. jsp？ containerId = prCHC51569823，2024 年 2 月 27 日访问。

在某些情况下并未得以实现。

（一）个人健康信息收集者告知的不充分降低知情同意规则的有效性

个人健康信息主体的知情同意权是最基本的权利之一，该权利对于维护主体的个人健康信息、生命健康权益等具有重要意义。知情同意权作为一种独立的人格利益，应当受到法律的保护，我国的《民法典·侵权责任编》虽然对知情同意权进行了明确规定，但知情权的范围规定过于笼统。

随着人民群众法律意识的不断增强，个人健康信息主体和收集者之间的矛盾也呈现出多样性、复杂性的特点，许多数据保护制度的制定和实施愈加复杂，这使得个人健康信息主体与健康信息处理环节之间隔了一座"大山"，个人健康信息主体难以亲自参与个人健康信息的保护之中。《民法典·侵权责任编》第五十五条第一次对侵犯患者的知情同意权要承担赔偿责任做出明确规定，① 但在患者就医过程中，仍然存在有些医疗机构或医生在医疗活动中为了自身利益而对患者所应当知晓的事项不告知、不充分告知的情况。

医疗告知义务以患者自主决定权为中心，要求医生对医疗行为的内容、性质、风险等尽到说明义务，在此基础上取得患者的理解和支持。履行告知义务是对医方最基本的要求，在一些特殊治疗或者检查中，要想真正达到告知的目的，还要求医方必须进行充分、准确、真实的告知。这就要求医方严格按照操作规范进行操作，准确记录相关的数据，将一个真实无误的结果告知患者，如果医方由于自身原因告知患者的是一个错误的结果，那比没有告知的结果还要恶劣。以廖某某、成都天府新区奥亚医院有限责任公司医疗损害责任纠纷为例，原告廖某某 2018 年 5 月在成都奥亚医院进行体检后被院方告知可以下载"优健康 App"查询体检结果，无须打印纸质体检报告。② 因此原告在确认优健康 App 中提供的体检结果无重大异常后长期驻外工作并未返回成都。直至 2019 年 12 月原

---

① 《民法典》第五十五条规定："医务人员在诊疗活动中应当向患者说明病情和医疗措施。需要实施手术、特殊检查、特殊治疗的，医务人员应当及时向患者说明医疗风险、替代医疗方案等情况，并取得其书面同意；不宜向患者说明的，应当向患者的近亲属说明，并取得其书面同意。医务人员未尽到前款义务，造成患者损害的，医疗机构应当承担赔偿责任。"

② 参见四川省成都市中级人民法院（2021）川 01 民终 56 号。

告从单位领取到纸质体检报告才得知，CT 检查报告显示左肺下叶后基底段肿块伴厚壁空洞，考虑肺癌，该结果并未在优健康 App 电子报告中显示，原告也未在体检后接到被告的通知，原告基于信任优健康 App 记载结果的情况下延误了自身癌症的治疗。

在该案中，虽然工作人员告知原告可以通过下载优健康 App 查询体检结果，但是该 App 篇幅巨大的"用户须知"中并未以加粗、高亮等醒目方式提示用户 App 提供的电子报告中可能存在结果不完整的情况，导致原告使用 App 查询体检结果时缺乏对可能出现的问题充分了解，默认不需要进行进一步的咨询、检查与治疗。本案中，原告正是基于被告方提供的 App 电子体检报告的信任而没有选择进行复查，丧失了再次复查得到真实病情及及时治疗的机会。在此情况之下，被告因没有履行充分、合理的告知义务最终导致了原告同意效力的不足。

（二）个人健康信息的共享利用使知情同意权难以落实

大数据背景下，以个人健康信息为代表的海量信息的采集、流转、比对和重复使用是医疗数据产生价值的源头，也促进了个体健康信息生态圈朝着去中心化方向的重构。然而，在去中心化的健康信息处理模式下，健康信息主体很难掌握和控制自己的个人健康信息的流向和使用情况。

基于信息处理技术的限制、信息集成的经济成本、商业合作中的利润最大化等原因，个人健康信息的处理者在收集了海量的信息数据后经常会与第三方（主要包括信息处理者的关联方、合作伙伴、供应商、服务商、代理商等）分享，除了与服务提供商的直接联系外，信息主体还面临着与数据中间商、数据资源利用者等众多处理者的间接联系。根据知情同意规则的内涵，信息处理者和第三方之间在进行信息共享利用时都应当再次取得健康信息主体的同意和授权。上述信息处理者可能根据自己的目的，将个人健康信息流向其他环节，形成了复杂的信息流转结构，这不仅突破了前大数据时代单一的关系，也增加了信息处理者取得同意的难度：信息处理者需要不断向前追溯信息流向，以便与其他环节的信息主体取得联系并获得同意授权。然而，在实践中，不仅健康信息处理者常常未经信息主体知情同意便将其个人健康信息共享给第三方，第三方对个人健康信息的处理也未依法取得信息主体的二次授权。这使得在不断变化的个人健康信息的共享与使用中，一旦个人健康信息的安全性发生泄露等危险，信息主体不仅很难对第一次采集信息的处理者进行有效的追责，更无法向未直接接触的第三方主张自己的权利，各方的责任界定也将变得非常模糊。

个人健康信息的共享利用要求重复授权同意对于健康信息处理者来说是一项非常烦琐和耗时的任务，降低了健康信息利用的效率。而且，当面向非直接关联的处理者时，健康信息主体的同意意愿也会大幅下降，因为信息主体很难掌握和控制自己信息的使用情况，从而降低了个人信息和隐私的保护。这种信息流转结构的复杂性也对医学技术研发和创新等领域造成了负面影响。由于个人信息被收集和使用的难度和成本增加，许多创新项目会因为缺乏足够的数据而受到限制，直接导致医疗卫生服务和科研开发的效率和质量受到影响，因为缺少足够的数据支持，研究人员可能难以获得深入的洞察和准确的结论。而尼森鲍姆教授提出的隐私场景理论打破了隐私控制理论的长期主导地位。所谓隐私场景理论，是指信息的共享流通只要在特定共享场景中是合理的，就不需要经过原始信息主体的二次同意，其对个人信息在共享利用过程中"告知—同意"框架提出了质疑[①]，该理论至今在学界的影响依旧很大。笔者认为，个人健康信息与信息主体的人格尊严密切相关，任由个人健康信息被健康企业任意共享利用，不仅有损健康信息主体的人格尊严，而且知情同意规则也难以落实，提倡一次同意的方式扩大了知情同意范围，降低了知情同意的效力，信息主体更是难以追责。

（三）僵化的知情同意机制适应个人健康信息应用效率低下

知情同意机制的僵化主要体现为过高的"知情成本"，"知情成本"是指信息主体在阅读有关个人健康信息应用协议过程中所付出的时间代价。

在现实生活中，从事健康服务的企业一般通过发布隐私策略来履行自己的告知义务，即健康服务企业在其发布的隐私权保护条款中，告知自己所要收集的个人健康信息的范围、用途及方式，而信息主体通过点

---

① ［美］海伦·尼森鲍姆：《场景中的隐私：技术、政治和社会生活中的和谐》，王苑等译，法律出版社 2022 年版。

击"同意"键以示自己知情并允许企业应用获取的个人健康信息。在这种情况下,如果信息处理者严格遵循"一个项目一个同意",信息主体难免需要频繁地做出是否同意的选择,这种针对敏感个人健康信息的高密度选择会显然降低信息主体的同意效力。为防止这一结果的发生,当前信息处理者普遍采用的是以一揽子协议的方式来进行详细告知,但信息主体阅读这些冗长而晦涩的告知文本时需要花费大量时间和精力,随着文本的频繁更新同步更新同意状态,要想让所有的用户都能有效地阅读和理解,那么一个人一年要花上百个小时来阅读这些隐私条款。比如,在华为运动健康 App 中,隐私政策有 11000 余字,作简单计算,假定普通人阅读速度为每秒 500 字,那么每阅读一份健康 App 隐私政策所花费的时间约是 8 分钟。而且信息主体时刻面临着多个不同的信息处理者,这就意味着其所阅读的隐私协议存在差异,这无疑增加了健康信息主体的阅读负担,也导致其不愿意花费时间去阅读,所以在实践中,当人们在一些健康 App 软件上注册账号时,大部分用户都不会去看"隐私政策",只会选择"同意"。

(四) 个人健康信息应用透明度适用知情同意规则成本过高

与此同时,"告知成本"对个人健康信息行业等的影响不容小觑。"告知成本"是指个人健康信息处理者在生产、交流和更新个人健康信息应用协议方面所付出的财务费用。

第一,不同的健康卫生行业等信息处理者在制定隐私策略时,往往要考虑到自身需要及利益,另外,相关行业的隐私策略也要遵守相关的法律法规,这就需要对其隐私策略进行持续的修改,从而增加了相关合规成本。而且,告知的传递与收回都需要投入大量的时间与费用,信息处理人员还要与成千上万的信息主体打交道,故个人健康信息处理的告知成本必然会提高。据美国社区银行协会统计,设计、测试、传达隐私政策等告知文本平摊到每年的成本在 2 亿—5 亿美元。从前文可知,以一揽子协议方式设计的告知文本由于扩大了个人健康信息的收集范围,又需要满足法律中所规定的"明确告知"要求以规避法律风险,告知文本通常都会大篇幅地呈现给健康信息主体,力求能够有效覆盖所有的告知义务。

第二,在现实生活中,健康企业所涉及的条款中通常会涉及大量的专业术语，有些甚至是模棱两可的解释，如果不具备相关的专业知识则难以理解其真实意思。健康信息企业若不对个人健康应用程序内容进行解释，信息主体也很难对其所带来的风险进行精确的预测①。因此，即使选择"同意"，个人知情同意的有效性也大打折扣，只有基于充分的理解所做出的同意，才能说明信息主体对同意后果有了充足的认知，进而表达出信息主体的真实意思。而相关专业术语对于大部分健康信息个体而言都是稀缺的，这就需要健康企业对此进行解释说明。但面对不同的健康信息主体，健康企业也无法针对某一名词进行统一解释，针对信息主体的认知程度作出相应的解释，对健康企业来说又是一笔不菲的开支。

综上所述，知情同意权在个人健康信息的应用中呈现出逐渐被架空的趋势，"同意"作为个人健康信息处理正当性基础的地位受到质疑，近来学界甚至出现了摒弃知情同意这一传统原则的思潮，个人健康信息在大数据中的应用与健康信息主体的知情同意权的冲突亟待解决。

四　个人健康信息应用中冲突的成因分析

（一）个人健康信息在大数据时代产权归属不明

各种健康信息应用是一个为居民提供商品和服务的平台，在运营过程中可以轻松获取居民的个人健康信息，那么这些信息应该归属于谁？个人健康信息的处理权责，在法律框架下需重新思考。

从传统民法的视角来看，居民的个人健康信息与其个人生活息息相关，因此，这些健康信息的保护、应用和处理应当由健康信息的提供者自行负责。而个人健康信息的共享使用，使得用户的隐私边界变得模糊。在大数据共享的背景下，民众提交的个人健康信息主要是通过 App 来收集的，这些 App 不仅收集了民众的个人健康数据，还对相关数据进行了整合和处理，从而更好地了解和掌握这些健康信息，这也导致个人健康信息的所有权问题愈发凸显。尽管表面上用户仍然拥有个人信息的权利，但实际上这些信息已经被平台所占据和使用，经常会被转发到其他平台，以满足某些商业需求。

---

① 田野：《大数据时代知情同意原则的困境与出路——以生物资料库的个人信息保护为例》，《法制与社会发展》2018 年第 6 期，第 111—136 页。

在实践中,健康企业一般通过用户服务协议、隐私协议或个人健康信息保护协议等方式获取健康信息主体授权,除了按照"知情—同意"原则明确收集使用健康信息主体的个人健康信息的规定外,越来越多的协议对健康信息主体的个人健康信息的所有权做出约定。[①] 健康企业和健康信息主体对于个人健康信息所有权的认知会存在差异。大多数健康企业在协议中认可健康信息主体对其个人健康信息的所有权,健康企业仅享有使用权,但也有一些健康企业作出了不同规定,将健康信息主体使用该健康企业产品产生的个人健康数据也归为企业所有,仅赋予健康信息主体使用权。

这种模糊的数据所有权边界,使得个人健康信息的合法使用与保护变得模棱两可。在大数据时代下个人健康信息的产权归属变得模糊,这不仅阻碍了科技进步和发展,同时也对社会经济的发展构成了障碍。

确保个人健康信息的安全首要面临的挑战之一便是防止信息泄露[②]。如图 3-2 所示,IBM (International Business Machines Corporation, 国际商业机器公司) 在其《2023 年数据泄露成本报告》中指出,2023 年,医疗保健行业遭受的数据泄露平均成本为 1093 万美元,居所有行业之首,其后依次为金融、制药、能源及技术行业。过去三年里,超过 93% 的医疗保健机构经历了数据泄露事件。

鉴于医疗保健领域数据安全的高风险,无疑需要相关法律法规来规范这一问题。然而,要制定此类法规,一方面必须从根本上明确个人健康信息的权利归属,否则不可能确定在个人健康信息泄露时明确应由谁来承担责任,也不可能有效地解决如何保护个人健康信息提供者和其他相关人员的权益等问题。这对利益相关者对个人健康信息的信任以及健康和医疗信息的传播和资本化都有影响。

---

① 何波:《数据权属界定面临的问题困境与破解思路》,《大数据》2021 年第 4 期,第 3—13 页。

② 张丽英、段佳葆:《厘清数据权属,破解医疗卫生信息"孤岛"难题》,载人民官方网站,http://finance.people.com.cn/n1/2021/0913/c432067-32225100.html,2024 年 1 月 28 日访问。

Cost of a data breach by industry

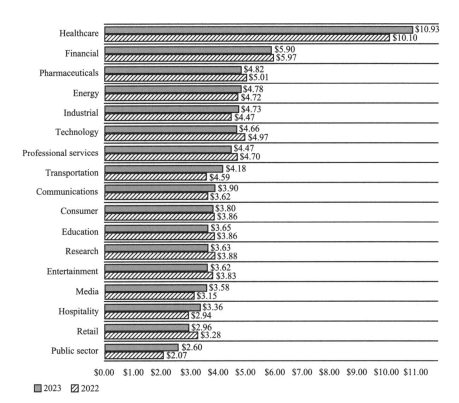

图 3 - 2　按行业划分的数据泄露成本①

　　另一方面，个人健康信息产权归属不明阻碍健康信息的互通共享。目前，我国对个人健康信息的持有、管理和使用还没有明确的法律规定，在隐私、贸易往来、知识产权保护等方面还存在着立法空白。这一制度上的缺失，制约了我国医疗机构在信息化方面的发展，同时也制约着公众参与的意愿。个人健康信息的良性发展需要健康信息互通共享的繁荣，其中重要一环就是明确个人健康信息的产权归属，避免个人健康信息被健康企业垄断。同时，需要明确在特殊时期下个人健康信息的产权归属，

①《2023 年数据泄露成本报告》，载微信公众号"报告解读：《2023 年数据泄露成本报告》要点"2023 年 11 月 9 日，https：//mp. weixin. qq. com/s/5vnDZtufd4phwaKI6FVX7Q。

例如在非典时期,非典病人的病理研究信息对众多治疗方案的制定具有重要意义。个人健康信息在何种程度上属于患者,又在何种程度上属于医疗机构就是其中最显著的问题之一①。个人健康信息在各类医院均有保存,但病人难以获取自身的健康资料,更谈不上从中获益。在此背景下,病人不愿意主动提供自己的健康信息,这极大地阻碍了大数据医疗资源的高效构建,从而制约了健康卫生管理信息化的发展。尽管我国已经颁布了一系列促进个人卫生信息平台互通共享的政策文件,但要真正实现医院信息互通、数据共享和归属的目标,必须从根本上解决个人健康信息的所有权问题。因此,应加快对个人健康信息的权利及其机制的研究,以便更好地研究数据共享问题,加快建立标准的数据和交易系统。

(二)个人健康信息应用主体伦理道德涵养不足

2023 年 12 月 12 日,知名影星周海媚在北京辞世。当晚,一份周海媚生前在北京顺义一家医院抢救的病历在互联网上流传,上面记载了患者的个人资料、既往病史、体格检查等信息。② 尽管随后涉嫌传播病历的医院职工已经被依法行政拘留,不过,"病例泄露"一事依然引发了公众广泛的讨论。

诸如此类的例子不胜其数,林更新于 2018 年 8 月 7 日前往北京一家医院接受鼻中隔切除术。③ 随后,其麻醉方案和住院记录都被上传到了网络上,包括他的年龄、住址、病史,等等。林俊杰于 2019 年 10 月 27 日晚上在音乐会之后因病住进医院。④ 当天下午,林俊杰的医疗资料被曝出,他所用的输液针及灌水器疑似已被医务工作者卖给歌迷。除了公众人物,近年来发生在普通患者身上的健康信息泄露事件更不在少数。2017 年,上海疾控中心 2 名员工向婴幼儿保健用品销售商兜售了 20 万条新生儿信息。《法治周末》记者在采访中了解到,很多孕妇在医院建档

---

① 《厘清数据权属,破解医疗卫生信息"孤岛"难题》,载人民官方网站,http://finance. people. com. cn/n1/2021/0913/c432067 - 32225100. html,2024 年 1 月 28 日访问。

② 《周海媚抢救病历疑泄露,北京警方已介入,医生解读病因》,载澎湃新闻网站,https://www. thepaper. cn/newsDetail_forward_25644670,2024 年 2 月 1 日访问。

③ 《林更新看病上热搜,医疗信息安全该如何防护?》,载知乎网站,https://zhuanlan. zhihu. com/p/42649521,2024 年 2 月 1 日访问。

④ 《林俊杰于 2019 年 10 月 27 日晚上在音乐会之后因病住进医院》,载微信公众号"看度时政",2019 年 10 月 29 日,https://mp. weixin. qq. com/s/LI5FxSfLjk8G2MmL3KaP3w。

后，随后就会被奶粉推销员、月子中心、家政服务的电话轮番骚扰。[①] 广东东莞市虎门中医院曾经因为泄露乙肝病毒携带者个人信息，被人民法院判决赔偿精神抚慰金 8000 元，并以书面形式赔礼道歉。[②] 2021 年 4 月 22 日，最高人民检察院发布个人信息保护公益诉讼典型案例，其中包括浙江省温州市鹿城区人民检察院督促医疗机构保护患者个人信息公益诉讼案[③]。提起公益诉讼的鹿城区人民检察院，还分别向两家泄露患者个人信息的医院发出检察建议。医疗机构与民众生活紧密相关，医疗机构医护人员对个人健康信息的保护的道德涵养不足，肆意泄露患者的个人健康信息，扰乱患者的生活，使患者对医疗机构的信任不断降低，医疗机构对个人健康信息应该怎么保护？如何保护才能不侵害健康信息主体的权益？

目前，大部分学者都将个人健康信息归属于狭义上的医疗机构。加拿大就是一个很好的例子。加拿大现行的法律赋予了"医院拥有对病人健康信息的权利，这是医疗工作者的工作成果，也是医院的财产。"如果发生了医疗纠纷，要求病人出示病历，医院会给病人一份复印件，而不是正本。加拿大学者认为，尽管个人健康信息是一种无形的财产，但由于其数据的不可替换性，医疗机构通过病人在诊疗活动中所生成的健康信息制作的病历。因此，也可以说，健康信息在医疗机构中通过病历的形式具备了实物属性。由于病人的个人健康信息是由参加诊断、记录管理的医护人员整理而成，带有群体劳动的特征，因此被称为病人的健康信息的法定拥有者。

笔者认为，病人的健康资料兼具财产与人身权利两种属性，将其视为一种片面的权利则忽略了其所包含的信息。就纸质病历而言，其是由带有主观性的医护人员撰写，是医护人员共同努力的结果，是医师的知识产权，理应归医疗单位拥有和经营，医疗机构对其拥有、使用的权利。

---

① 《谁来保护患者隐私权？》，载法制周末网站，http：//www. legalweekly. cn/fzzg/2023 - 12/21/content_8941732. html，2024 年 2 月 1 日访问。

② 《医院私自检乙肝致小伙被拒录用续：被判赔八千》，载搜狐新闻网站，https：// news. sohu. com/20111228/n330542786. shtml，2024 年 2 月 1 日访问。

③ 孙鹏、杨在会：《个人信息侵权惩罚性赔偿制度之构建》，《北方法学》2022 年第 5 期，第 91—107 页。

原卫生部颁布的《电子病历系统功能规范（试行）》对医院使用电子病历系统提出了新要求，"对操作人员的权限实行分级管理"，"授权用户访问电子病历时，自动隐藏保密等级高于用户权限的电子病历资料"，"电脑屏幕必须显示注意事项，提醒使用者依照规定使用并提供匿名化处理"①。提倡电子病历有利于保护个人健康信息，也便于信息泄露情况的追责。虽然三级医院的信息化建设和应用较为成熟，但在数据处理方式上，存在少量医院仍然依赖纸质病历和档案，或者电子病历和纸质病历同时混用的情况，信息化建设和应用尚不全面。在患者就诊、检查、住院、手术等各个环节中，纸质病历会暴露在不同医务人员甚至后勤人员面前，纸质病历档案较难实现查看权限的控制，无法实质性保障患者信息安全和追溯信息泄露责任人，而电子病历则可以通过加密、身份验证、访问权限控制与追踪等技术，督促医疗卫生行业更有效地履行数据安全保护义务。

另一方面，医疗机构医护人员在收集个人健康信息应当遵循"知情同意"和"最小必要"两大原则，医疗机构应当在收集和使用病人个人信息时，应遵循知情同意告知书或电子隐私政策，将收集到的个人信息的种类、用途等信息，提前告知病人。同时，秉持必要性原则，对病人的个人健康信息的处理，应以明确和合理的目的为依据，以对病人的利益最小化为目的，对病人个人资料的采集，应以达到处理目的为限，不能过分采集。

近年来，健康医疗行业观测报告通过对一万多家医疗行业相关单位的观测，发现存在僵尸、木马或蠕虫等恶意程序的单位共计千余家，应用服务端口暴露在公共互联网中的单位有六千多家，其中四千多家单位网站存在被篡改安全隐患。在全国三甲医院中，曾经就有247家医院检测出了勒索病毒，各地均有三甲医院"中招"②。医疗机构加强个人健康信息安全，构建个人健康信息安全合规体系，保障患者信息安全势在必行。

---

① 李进、刘卫东：《浅谈〈民法典〉对电子病历的影响》，《中国卫生法制》2022年第5期，第20—24页。

② 《2019健康医疗行业网络安全观测报告》，载微信公众号"中国信通院CAICT"2019年8月6日，https：//mp.weixin.qq.com/s/gCbJShz4vo6NPpd36Qv-MA。

上述病历泄露事件表面反映的是个人健康信息保护问题，其背后折射的是医疗机构的数据安全隐患、患者健康信息保护机制的不完善、不健全。在 2022 年 3 月，最高人民检察院就曾公布过一起个人信息保护检察公益诉讼典型案例。① 该案例发生在江西省宜春市，保险代理机构业务人员向住院患者推销"手术意外险"。在推销保险产品过程中，业务人员对患者的姓名、手术类型、联系电话等医疗健康信息了如指掌，患者不堪其扰。经办案检察官走访调查发现，患者信息是部分保险代理机构业务人员与院方签订合作协议违法获取。作为患者信息处理的责任主体，医疗机构应当高度重视患者信息存储、院内流转和应用过程中的风险防范，从制度、技术、培训等角度加强个人健康信息的全方位管理，建立院内数据合规体系，实现对患者个人健康信息的有效保护，更好地保障医疗数据安全。

网络技术的发展改变医疗模式，大数据已成为个人健康信息的便利载体。医疗机构致力于提升医疗资讯管理品质，传统纸本记载的医疗记录渐由电子病历取代，使得医疗人员经由信息系统操作更有效率掌握病患检查及治疗信息并缩短团队间联系所花费的时间，但也潜在增加了病人个人健康信息容易被有权限使用者揭露的隐忧，病患治疗过程中的身心异常状态一旦被揭露，可能遭受到外界的负面评论或歧视对待。因此，个人健康信息应用主体需恪守保密义务，以更高的自我道德约束力维护主体的隐私。个人健康信息提供者对于个人健康信息拥有个人自主权，提供者有权决定何时、何地、何种范围内、以何种方式、向何人揭露或公开涉及本身的个人健康信息。患者因疾病寻求医疗救治，为了接受治疗必须将个人健康信息公开在医疗人员面前，医疗人员在进行医疗处置前有义务须先进行解释说明并取得同意外，亦须同时告知其医疗隐私有受到保障，在彼此信任的良性互动关系下让医疗成员得以运用其病历记载个人健康信息内容。

医疗伦理是专业教育中的重要课题之一，少数医护人员受过专业训练仍缺乏揭露病人隐私的自制能力，当事者揭发病患隐私的行为后，病

---

① 《最高检发布个人信息保护检察公益诉讼典型案例》，载中国普法网，http：//legalin-fo. moj. gov. cn/zhfxfzzx/fzzxyw/202303/t20230331_475405. html，2024 年 2 月 7 日访问。

人及家属对所信赖的人信任感一旦破灭，所衍生的后续问题接踵而来。举例而言，患者可能因此质疑医疗人员的个人操守及专业能力，导致医患关系更加紧张，让原本以善为出发点的单纯医疗行为增添阻碍。个人健康信息应用主体在个人健康信息应用的过程中，随时都有侵犯病患或机构隐私的风险，应通过个人健康信息培训及惩罚性赔偿等强制手段提高健康信息应用主体的道德涵养。

（三）个人健康信息披露与保护的冲突

个人健康信息属于敏感信息范畴，在强调对个人隐私要保护的同时，也要顾及到公共利益以及第三人利益，在此过程中会产生各种冲突。

第一，个人健康信息与公共利益之间存在冲突。个人健康信息与公共利益的冲突，表现在个人健康信息保护与政府的传染病预防、控制权力相冲突。政府需要通过披露相关情况来预防、控制传染病，《传染病防治法》第 19 条规定了国家有传染病预警制度，有关部门和政府需要及时发出传染病预警及公布；第 33 条给予了疾病预防控制机构调查核实传染病疫情信息的权力。患者的病历属于个人隐私，但在传染病预防、控制的场合，个人隐私利益需要受到限制，公共利益优先个人利益。例如，在新冠疫情期间，政府通过披露新冠肺炎的感染情况来避免疫情的肆意传播，此时患病的个人隐私就为公共健康让步。最高人民检察院跟踪发布 5 件全国检察机关依法惩治妨害疫情防控秩序犯罪典型案例之四：四川省南充市孙某某妨害传染病防治案，本案中的孙某某是医院护工，在 2020 年 1 月 23 日，孙某某病情恶化，医生怀疑其疑似新型冠状病毒感染者对其进行隔离，但孙某某不听医生的建议逃离医院，并乘坐公共客车回家，孙某某的行为严重妨害了有关部门采取管控措施，也威胁了和孙某某近距离接触的第三人的身体健康安全。另外，在政府采取措施对传染病进行预防、控制的过程中，医生、医疗机构、疾病预防控制机构等有向政府强制报告的义务，该义务与政府传染病预防、控制义务相对应。《传染病防治法》规定了各级疾病预防控制机构、医疗机构、采供血机构等及其工作人员有向政府及有关部门传染病疫情强制报告的义务，同时《传染病防治法》第 31 条规定了单位和个人也应当及时报告疫情信息。因此个人健康信息也会与医疗机构、疾病预防机构等机构的报告义务相冲突。

第二，个人健康权利的行使都会受到他人权利行使的限制，法律限制行为人对他人的健康造成伤害。如艾滋病患者有向处于危险的第三人履行告知病情的义务，《艾滋病防治条例》第 38 条第（二）、（三）项规定，艾滋病患者有向性关系者、接诊医师及时告知的义务。在周天武故意伤害案中，被告人周天武明知自己感染了艾滋病的情况下，非但没有告知自己的同居伴侣，还在没有任何保护措施的情况下与其伴侣发生性关系，致使伴侣也患上了艾滋病，最后法院判处被告人周天武犯故意伤害罪。① 故感染者、医师应向处于危险状态的第三人告知病情，避免第三人受到伤害。

但个人健康信息权益不能无限地为公共利益让步，尤其是在新冠疫情期间，利用健康码进行数字防疫，此时对公共健康的保护远重于对个人健康信息的保护。2022 年，河南村镇银行爆雷，4 家村镇银行的资金无法提取，讨要说法的村镇银行的储户们被强行赋红码，甚至远在外地的河南村镇储户也变成了红码，在疫情防控期间的健康码是顺畅出行的关键，赋红码就意味着给储户们上了一个电子镣铐，阻止了储户们的正常出行。根据通告，郑州政法委副书记冯献彬和疫情指挥部副部长张琳琳，擅自决定对来郑州维权的外省储户赋红码。② "河南红码事件"是公权力滥用的典型体现，当时的社会是"见红色变"。"河南红码事件"是明显的公权力对个人权益的侵害，健康码是为了减少疫情传播速度和范围的一种方式，但公权力滥用不仅没有起到保护公共健康的效果，甚至引发了公众对个人健康信息权益保护的质疑。个人隐私与公共利益的保护之间在某种程度上是一致的，过多地偏向公共利益不去保护个人利益，会使个人难以真正配合去保护公共健康，法国思想家卢梭曾说："一切法律中最重要的法律，既不是刻在大理石上，也不是刻在铜表上，而是铭刻在公民的内心里。"只有在保护公共利益的同时，尽可能地去保护个人隐私权，才能促进鼓励民众去信任政府，参加公共健康项目，更好地去保护公共卫生健康，构建人类卫生健康共同体。

---

① 参见（2015）攀东刑初字第 242 号判决书。

② 张生：《河南红码事件，突然水落石出！》，载微信公众号"鸣金网"2022 年 6 月 22 日，https：//mp.weixin.qq.com/s/4VoLcfXCYW-LhGZNrOMqmA。

第 四 章

个人健康信息的规制与法律框架

在数字化浪潮的推动下，个人健康信息逐渐从私密的个人领域跃迁至广阔的公共视野，其保护与利用之间的矛盾日益凸显。作为现代医疗体系的核心要素，个人健康信息不仅关乎个体的权益保护，在公共卫生、医疗研究、政策制定等领域也发挥着不可或缺的作用。然而，随着医疗与科技的发展深度融合，个人健康信息的法律界定逐渐模糊，其权益基础也呈现出多元化的趋势。在此背景下，对个人健康信息的法律规制及框架进行深入探讨，不仅有助于厘清法律保护的边界与路径，也能为医疗数据的开发利用提供有力的法治保障。本章将从个人健康信息的法律界定及权益基础出发，系统梳理国内外法律规制的历史、现状与未来趋势，以期在保障个人隐私与数据安全的同时，推动健康医疗数据的合规流动与高效利用。

第一节 个人健康信息的法律界定及权益基础

对个人健康信息安全的静态保护诚然是基础性的法律要求，但在数据动态流转成为常态的当下，确保个人健康信息在传输过程中的合规性与安全性变得尤为迫切。为此，首先要解决的问题是，到底何为法律意义上的"个人健康信息"。

一 个人健康信息的法律界定

（一）国际视角下个人健康信息的法律界定

对于个人健康信息的法律概念，各个国家和地区的定义模式由于其法律体系、文化背景以及价值观念等差异而呈现出多样化的特点。具体来说，可以归纳为以下四种模式①："单纯定义"模式、"单纯列举"界定模式、"定义＋列举"界定模式、"列举＋排除"界定模式。

1. 单纯定义模式

此模式仅通过下定义的方式对个人可识别信息进行界定，强调信息的性质和功能。例如，美国《全国个人可识别健康信息电子交换隐私与安全框架》（*National Framework for Privacy and Security of Electronically Exchanged Individually Identifiable Health Information*）附录术语录表中规定"个人可识别的健康信息"是指能识别个人的健康信息，或有合理依据相信该信息可用于识别个人的健康信息。该界定将个人健康信息定义为能够识别到个人的健康状况信息，并强调了其可识别性和与健康的相关性。

2. 单纯列举模式

该模式不对相关概念进行抽象规定，而是通过具体的举例进行界定。例如，美国《健康信息技术促进经济和临床健康法案》（*Health Information Technology for Economic and Clinical Health Act*，以下简称 HITECH）详细规定了个人身心健康信息的保护范围，包括个人的过去、现在和未来的健康状况报告以及医疗保健证明等②；而加拿大《个人信息保护和电子文件法》（*Personal Information Protection and Electronic Documents Act*，以下简称 PIPEDA）同样列举了个人身体或心理健康的信息，以及向个人提供的所有健康服务的相关信息③。此外，澳大利亚的《隐私法》（*Privacy Act 1988*）不仅涵盖了诸如肌体信息、健康服务及身体捐赠等基本健康数据，

---

① 尹华容：《个人医疗信息的法律界定》，《求索》2023 年第 5 期，第 116—126 页。

② HITECH 第 160 条第 103 款规定"个人可识别健康信息"指：（1）个人过去、现在或将来生理或心理健康状况；（2）向个人提供健康保健的信息；（3）现在、过去或将来支付个人健康保健费用的信息或人口信息，并且该类信息识别到个人或可以被用作识别个人。

③ PIPEDA 中"个人健康信息"是指就个人而言，无论是在世还是已故，（a）有关个人身体或心理健康的信息；（b）有关向个人提供的任何健康服务的信息；（c）有关个人捐赠其任何身体部位或身体物质的信息，或来自对该个人身体部位或身体物质的测试或检查的信息；（d）在向个人提供健康服务的过程中收集的信息；或者（e）为向个人提供健康服务而偶然收集的信息。

还独具前瞻性地纳入了医疗服务类信息与遗传信息①。

3. 定义 + 分类列举模式

此模式不仅对相关概念进行抽象规定，同时搭配代表性举例进行具体说明，相较单独进行定义或举例而言，更加全面且易理解。欧盟 GDPR 是一个典型例子，它首先定义了"健康数据"是指那些和自然人的身体或精神健康相关的、能够显示其个人健康状况信息的个人数据，接着又列举了包括和卫生保健服务相关的信息在内的多种类型信息。德国与英国的立法也采用了类似的方式②。

4. 列举 + 排除模式

通过积极列举和消极排除的方式对概念进行说明，能有效地将部分不适宜的对象排除，提高界定效率。如澳大利亚新南威尔士州的《健康记录和信息隐私法案》（*Health Records and Information Privacy Act*）第 6 条规定的"健康信息"虽与联邦《隐私法》规定大致相同，但将医疗保健标识符纳入其中，同时作出排除豁免健康信息的规定。

（二）我国个人健康信息的法律界定

在我国现有的法律法规及司法解释中，关于医疗健康信息保护的规定并不罕见，但对于这个概念的具体界定范围却缺乏明确的标准。回顾相关法律规范的颁布历程，其中有多部法律都涉及了医疗健康信息的保护。例如，《传染病防治法》明确授权疾病预防控制机构和医疗机构收集与传染病相关的信息，同时要求对这些涉及个人隐私的信息资料进行严

---

① 《隐私法》第 6FA 条规定"健康信息"为（a）关于以下方面的信息或意见：（i）个人（在任何时候）的健康状况，包括疾病、残疾或伤害；或者（ii）个人对未来向个人提供医疗服务的意愿；或者（iii）向个人提供或将要提供的健康服务；以及（b）为向个人提供或提供健康服务而收集的其他个人信息；（c）与个人捐赠或拟捐赠其身体部位、器官或身体物质有关的其他个人信息；（d）有关个人的遗传信息，其形式可以或可以预测个人或个人的遗传亲属的健康状况。

② 德国《联邦数据保护法》第 46 条在 GDPR 的基础上将"健康数据"定义为与自然人的身体或心理健康有关的个人数据，包括提供医疗保健服务以及披露有关其健康状况的信息。英国脱欧前制定的《数据保护法》第 205 条规定"与健康有关的数据"是指与个人身体或心理健康有关的个人数据，包括提供医疗保健服务，揭示有关他或她的健康状况的信息。

格保护①；《中华人民共和国母婴保健法》要求母婴保健工作人员保守当事人秘密②；《中华人民共和国精神卫生法》则规定对精神障碍患者的个人信息进行保密③。这些法律条款虽体现了对医疗健康信息保护的立法目的，但并未就何为医疗健康信息给出明确的定义和界定标准。直到《民法典》以及《个人信息保护法》④ 的问世，法律层面才首次引入"健康信息"与"医疗健康信息"的概念，并将二者归入受法律保护的个人信息范畴之中。

　　然而遗憾的是，这两部法律也并未对医疗健康信息的界定标准作出具体规定。行政法规、规章和地方性法规中虽有相关规定，但是要么涉及主体有限，要么范围模糊，要么同样未设定界定标准。例如，《艾滋病防治条例》特别针对艾滋病病毒感染者、艾滋病病人及其家属的医疗健康信息安全给予了保障，然而其保护范围仅限于这些特定的主体⑤；《国家健康医疗大数据标准、安全和服务管理办法（试行）》提及了"健康医疗大数据"，但该标准针对的对象为"医疗健康大数据"且未设定界定标准⑥。在国家标准领域，《信息安全技术—个人信息安全规范》对个人健康生理信息作出了阐释，然而其涵盖的范围并不全面，并且主要集中在

---

　　① 《中华人民共和国传染病防治法》第 12 条："在中华人民共和国领域内的一切单位和个人，必须接受疾病预防控制机构、医疗机构有关传染病的调查、检验、采集样本、隔离治疗等预防、控制措施，如实提供有关情况。疾病预防控制机构、医疗机构不得泄露涉及个人隐私的有关信息、资料。"

　　② 《中华人民共和国母婴保健法》第 34 条："从事母婴保健工作的人员应当严格遵守职业道德，为当事人保守秘密。"

　　③ 《中华人民共和国精神卫生法》第 4 条："有关单位和个人应当对精神障碍患者的姓名、肖像、住址、工作单位、病历资料以及其他可能推断出其身份的信息予以保密；但是，依法履行职责需要公开的除外。"

　　④ 《个人信息保护法》第 28 条："敏感个人信息……包括生物识别、宗教信仰、特定身份、医疗健康、金融账户、行踪轨迹等信息，以及不满十四周岁未成年人的个人信息。"

　　⑤ 《艾滋病防治条例》第 39 条："疾病预防控制机构和出入境检验检疫机构进行艾滋病流行病学调查时，被调查单位和个人应当如实提供有关情况。未经本人或者其监护人同意，任何单位或者个人不得公开艾滋病病毒感染者、艾滋病病人及其家属的姓名、住址、工作单位、肖像、病史资料以及其他可能推断出其具体身份的信息。"

　　⑥ 《国家健康医疗大数据标准、安全和服务管理办法（试行）》第 4 条："本办法所称健康医疗大数据，是指人们疾病防治、健康管理等过程中产生的与健康医疗数据相关的数据。"

诊疗过程中所产生的信息记录上①。《健康信息学——推动个人健康信息跨国流动的数据保护指南》虽对"个人健康数据"进行了定义，但语义含糊，不具备作为范围界定标准的明确性。同时，国家标准并不具有法律效力，其所影响的范围十分有限，导致其实际效果大打折扣。

总体而言，我国立法对"个人健康信息"的界定尚处于模糊状态。这种法律定义的不明确，不仅对个人健康信息的有效保护产生了影响，也给实际操作造成了困扰。

二　个人健康信息的权益基础

探讨个人健康信息的权益基础，实际上是在剖析一个数字化时代下错综复杂的权利图谱。其范围涵盖传统的隐私权、名誉权以及新兴的数据权等多个维度。这些权利相互交织，共同构成了一个复合型权利体系，不仅反映了个人健康信息在数字化社会中的重要价值，也揭示了对其进行全面保护的复杂性与艰巨性。

（一）隐私权

在传统的医疗实践中，患者的隐私主要被视为一种物理隐私（Physical Privacy），即患者有权保护其身体私密部位、病史、身体缺陷和特殊经历等敏感信息，免受任何形式的外来侵犯②。这种隐私权的保护范围不仅限于患者的病情信息，还包括在就医过程中患者仅向医生透露的、不愿他人获知的个人信息、私人活动和其他隐秘事项。随着医疗信息化的迅猛推进，个人健康信息已演变为一种具有巨大价值的新型资产。而与之相关的隐私权概念也呈现出前所未有的复杂性。隐私权从传统物理空间向数字空间的跃迁，不仅是信息保护技术层面的问题，更是对传统隐私观念的一次深刻变革。

过去我们谈及隐私，往往是指个体身体与私密信息不受侵犯的权利。但在大数据和医疗信息化交融的当下，个人健康信息的采集、储存、传

---

①　《信息安全技术——个人信息安全规范》附录 B："个人健康生理信息是个人因生病医治等产生的相关记录，如病症、住院志、医嘱单、检验报告、手术及麻醉记录、护理记录、用药记录、药物食物过敏信息、生育信息、以往病史、诊治情况、家族病史、现病史、传染病史等。"

②　奚晓明主编，最高人民法院侵权责任法研究小组编著：《中华人民共和国侵权责任法条文理解与适用》，人民法院出版社 2010 年版，第 433 页。

输与应用已渗透生活的方方面面。特别是在数据的二次使用环节，个人健康信息已远远超出了传统医疗服务的范畴，其触角延伸公共卫生监测、科研探索以及商业决策等多个领域。不仅凸显了个人健康信息所蕴藏的巨大经济价值和社会价值，也对传统的以人格权为核心的隐私保护体系构成了全新的挑战。面对这一挑战，隐私权的保护正逐渐呈现出场景化、技术化的新趋势。

如前文所述，1997 年美国学者尼森鲍姆教授首先提出了公共领域的隐私问题，随后提出了"语境完整性"理论。尼森鲍姆认为，随着现代科技的快速发展，信息的流通方式发生了巨大变化。隐私保护不再是为隐私权或个人信息权设定一个固定的界限，而应该采取一种更为灵活的场景化保护方式，即根据信息使用的具体场景来制定相应的规范①。场景化保护意味着我们需要根据具体的应用场景和用户需求来动态地界定及调整隐私的保护范围。这要求法律和政策的制定者更加敏锐地洞察数据使用的相关环境、使用逻辑，以及数据主体与数据处理者之间复杂多变的权力关系。与此同时，技术手段在隐私权保护中的作用也正日益凸显。从先进的数据加密技术到复杂的匿名化处理，再到前沿的隐私增强技术，这些创新不仅为隐私权保护提供了强大的技术支持，也在推动着隐私权保护理念的不断发展与深化。

（二）数据权

数据权作为数字时代权益体系的基石，主要由数据人格权和数据财产权两大核心要素构成。数据人格权是个人信息自主权在数字环境中的深化，它确保个人在数据收集、处理、传输及使用的全生命周期中拥有掌控与决策权。在维护个人隐私与尊严的同时，通过规范数据处理行为，为社会信任体系的构建以及数字经济的健康发展提供支撑，确保数据处理的合法性、透明性及可追溯性。而数据财产权认可数据作为一种新型资产所具备的经济价值与社会意义。其法律内涵涵盖数据的所有权、使用权、收益权及处分权，为数据交易、共享与租赁等商业行为提供法律支撑与监管框架。个人健康信息作为个人数据的一部分，其保护自然应

---

① Nissenbaum, H., *Privacy in Context: Technology, Policy, and the Intergrity of Social Life*, Stanford Law Books Press, 2010.

被纳入《个人信息保护法》的框架下。自 2012 年起，我国逐步开始引入域外的个人数据保护制度，并通过《消费者权益保护法》《网络安全法》等多部法律体现了个人信息保护的核心原则——知情同意。这意味着个人信息的收集和使用必须合法、正当、必要，且需经过信息主体的明确同意。然而，尽管同意在实践中被广泛作为合规性的评估标准，但简单地认为未经同意使用个人信息即构成侵权，在民事法律体系中可能并不准确。特别是在医疗数据领域，即使未经患者明确同意，使用其数据也不一定等同于侵权行为[1]。事实上，从国际视角来看，个人数据保护权在某些国家和地区已逐渐从隐私权中独立出来，成为一种与隐私权并列的公民基本权利。这种权利同样更多地是一种防御性权利，旨在防止数据处理行为侵犯个人尊严，同时也要保护医疗机构等部门对医疗数据所享有的财产权利。

1. 患者对医疗数据所享有的权益

第一，医疗数据隐私权。正如前文所述，在医疗服务过程中，患者需向医生透露大量私密信息，如病史、家族健康史、个人情感经历等，这些信息在数字化形态下构成了医疗数据。患者的隐私权在此得到延伸，医疗机构和医务人员有责任确保这些信息不被非法泄露。但也有观点认为，患者的隐私权主要是一种防御性权利，用于防止信息的不当披露，并不等同于对数据的支配权。尽管现行法律并未明确赋予医疗机构对医疗数据具有开放性的使用权，但根据《医疗机构病历管理规定》，医疗机构可以在医疗、教学、研究等目的范围内使用病历资料。而《民法典》第 1225 条虽然赋予了患者查阅和复制病历的权利，究其目的是为了确保患者能够充分了解自己的病情，并为其处理保险理赔和医疗事故纠纷等事宜提供法律支持，并不意味着患者可以完全支配医疗数据，更不能排除医疗机构合法合规享有、保存并使用相关病历资料的权利[2]。

在医疗领域，病历作为医疗数据的关键组成部分，在医患纠纷解决

---

[1] 高富平：《论医疗数据权利配置——医疗数据开放利用法律框架》，《现代法学》2020 年第 4 期，第 58 页。

[2] 金至宝诉江苏省人民医院医疗服务合同纠纷案，参见江苏省南京市鼓楼区人民法院民事判决书（2014）鼓民初字第 5432 号。

中扮演着特殊角色。然而，传统的病历管理规范主要聚焦于纸质病历的生成、保存、借阅与复制等环节，以满足患者知情权、科研教学、法律执行和保险需求。但在大数据时代背景下，医疗数据的管理已远超这一范畴。对于医疗数据的权利配置，或许如今更应强调资源的有效生成、流通利用秩序以及数据的深度开发价值。这意味着，除了确认医疗机构对病历数据的利用权利外，还需推动全社会对海量医疗数据的合理共享与流通。在这一转变中，如何在保护患者隐私权、满足医疗机构合理需求以及实现社会共享利用之间找到平衡，成为制定医疗数据隐私权保护策略的核心考量。

第二，医疗数据管控权。尽管医疗数据的来源可以追溯到每一个具体的患者，但这并不足以成为让患者个人控制数据利用权的充分理由。实际上，即便法律赋予个人管理自身健康信息的权利，在实际操作中也面临着巨大的挑战。毕竟不同于短暂访问自己的医疗记录和相关数据，长期、安全地存储这些数据是一项复杂的任务，特别是在云计算环境中，整合和管理来自不同医疗机构、不同时间段和不同类型的医疗数据需要专业的技术和持续的投入。并且，医疗数据的真正价值在于其能够被合理、高效地利用，以促进医学研究和提升医疗服务质量。从功利的角度出发，关注的焦点应该从"谁控制数据"转向"如何最大化数据的利用价值"。在这个语境下，将医疗机构视为医疗数据的管理者，并赋予其相应的开发利用权利，可能是一种更为合理的制度安排。当然，这并不意味着患者被完全排除在数据利用的收益之外。相反，制度设计应同时确保患者在数据被开发利用的过程中能够获得应有的利益。

诚然，处理个人健康信息必须保持高度的警惕，采取一切必要的措施来防止数据泄露和滥用。但这并不意味着数据应当被封锁起来，不让其发挥更大的社会价值。在充分保护患者隐私的基础上，可以通过合理的数据脱敏和匿名化处理，将医疗数据转化为有价值的医学与医药研究资源。

2. 医疗机构对医疗数据所享有的财产权益

在现代医疗领域，医疗机构不仅是提供专业医疗服务的场所，更是医疗数据的重要生成者和管理者。这些医疗数据涵盖了患者的健康信息、疾病诊断、治疗方案以及康复过程等关键内容。赋予医疗机构对这些医疗数据享有财产权,既有一定的必要性和正当性,同时也面临着不可忽视的挑战。

第一,医疗机构享有医疗数据财产权的必要性和正当性。

随着医疗数据资源价值的日益凸显,如何合理配置这些数据的权利成为了亟须解决的问题。医疗数据的社会性决定了其只有在跨机构整合时才能实现最大价值,同时这些数据还必须满足公共健康管理的需求。有学者主张,为了充分发挥医疗数据的社会价值,应认可医疗机构对其产生的医疗数据拥有财产权,同时也要明确其应承担的社会义务和责任①。笔者赞同此观点,认为医疗机构享有医疗数据财产权具有一定的必要性和正当性,原因在于:首先,医疗数据是医疗机构在提供医疗服务过程中产生的,是医疗服务的一种"副产品"。这些数据经过医疗机构的采集、处理和分析后,才能转化为有价值的医疗信息。医疗机构在这一过程中投入了大量的人力、物力和财力,理应对其投入和贡献得到合理的回报,因此对其产生的医疗数据享有财产权是合理且公平的。其次,医疗数据的资源化离不开医疗机构的持续投入和管理。医疗数据具有动态性、碎片化和隐私性等特点,需要医疗机构进行持续地更新、整合和保护。只有当各医疗机构遵循统一的管理规范与标准,并执行有效的数据治理措施时,才能确保医疗数据的完整性、一致性以及准确性,进而将原始数据转化为真正可利用的医疗资源②。最后,为了确保医疗数据的准确性和安全性,医疗机构需要构建医疗信息系统、培训专业的数据管理人员,包括制定相应的数据安全管理制度和应急预案。这种实际控制为医疗机构主张医疗数据财产权提供了基础。因此,医疗机构享有对这些数据的财产权是正当且必要的。

第二,赋予医疗机构享有医疗数据财产权面临的挑战。

事实上,医疗机构在日常运营中已经在内部充分利用了其自身的医疗数据资源,这一点无须额外法律赋权即可实现。然而,当医疗数据的

---

① 高富平:《论医疗数据权利配置——医疗数据开放利用法律框架》,《现代法学》2020 年第 4 期,第 61 页。

② 阮彤、邱加辉、张知行、叶琪:《医疗数据治理——构建高质量医疗大数据智能分析数据基础》,《大数据》2019 年第 1 期,第 18 页。

使用范围扩展到外部时，情况就变得复杂。此时，赋予医疗机构享有医疗数据的财产权将面临两大核心挑战：一是如何有效防止第三方非法获取和使用医疗机构的宝贵数据，确保数据的安全性；二是如何激励医疗机构主动将数据分享给社会，以推动数据的开放共享，进而构建一个更加高效、有序的医疗数据社会化利用体系。从法律层面来看，赋权问题的实质在于明确医疗机构对其所掌控的数据资源享有何种使用权，以及这种权利的法律效力如何。具体而言，就是需要确定医疗机构在决定数据使用方式时拥有多大的自主权和排他性。毕竟在诊疗活动中，医疗机构收集的数据不仅用于病案分析、病情诊断等内部服务，还可用于医学研究和药物研发等更广泛的领域。医疗机构的数据需求往往超越其内部使用的界限，它们还需要获取其他机构的数据并实现数据共享。若法律赋予医疗机构许可他人使用数据的权利，那些原本被闲置的医疗数据便有可能被激活，发挥其应有的作用。当这些数据与其他来源的数据相结合时，可能会催生出新的洞见和应用，满足大数据分析和智能诊断等需求。从这个角度出发，赋予医疗机构数据许可使用权是实现数据社会化利用的重要法律基础和制度设计。而通过医疗数据的许可使用机制，可以促进特定病种相关数据的汇聚、深度分析和挖掘。这种数据驱动的方法有望改进疾病的诊疗流程，甚至推动医学和医药领域的重大技术突破。这不仅将提升医疗服务的质量和效率，还将加速医学研究的进展，最终惠及广大患者。基于此，积极探索医疗数据赋权的有效途径，以促进数据的合理流动和高效利用，是合理且必要的。

赋予医疗机构对医疗数据享有财产权，既有助于实现数据资源的公平配置和高效利用，对于提升医疗服务质量、推动医学研究和创新也具有至关重要的作用。当然，赋予医疗机构对医疗数据的财产权并不意味着忽视社会公共利益，在保障医疗机构权益的同时，也应通过法律和政策手段确保数据的共享和开放，以满足公共健康管理的需求。在这一过程中，医疗机构也承担着保护数据安全的法定义务。根据《网络安全法》等相关法律的规定，医疗机构必须采取必要的技术和管理措施，确保数据不被非法获取、泄露或滥用。这种数据安全义务不仅是法律的要求，也是医疗机构维护自身权益、保障患者隐私和数据安全的必要手段。

（三）其他权益

个人健康信息的权益基础是一个复杂且多维度的概念，它不仅涉及新兴的数据权这一综合性权利，还与传统法律观点中的多种权益紧密相连。例如名誉权，当个人的疾病诊断信息，尤其是涉及生理缺陷的病症信息被不当公开时，可能引发他人对个体产生误解、歧视或偏见，甚至可能演化为带有侮辱性质的社会评价，对主体的名誉造成难以挽回的损害。

第二节 个人健康信息的国内法律规制：历史、现状与展望

随着信息技术的日新月异，个人健康信息已逐渐从传统的纸质记录向电子化、智能化的存储与处理模式转变，这一变革在极大提升医疗服务效率与质量的同时，也给个人隐私保护带来了前所未有的挑战。从历史的角度来看，个人健康信息的法律规制经历了从纸质记录时代的初步探索，到互联网时代的逐渐完善，再到大数据时代的全面加强的演变过程。然而，面对大数据技术的迅猛发展和医疗健康数据的爆炸式增长，现行法律规制在保护个人健康信息方面仍存在诸多问题，不仅影响个人健康信息保护的有效性，也制约着个人健康信息的合规使用和共享。

因此，对个人健康信息的法律规制进行历史与现状的深入探析，不仅有助于全面理解其演进脉络与现实困境，也能为未来的法律规制发展提供重要的理论支撑和实践指导，以期在保障个人隐私和数据安全的同时，推动健康医疗数据的合规流动与高效利用。

一 国内法律规制的历史与现状

（一）传统保护阶段：纸质记录与初步立法

在 20 世纪 90 年代之前，个人健康信息主要依赖于纸质记录存储。由于技术限制，这些信息的传播和利用范围相对受限。此阶段，我国法律法规中并未直接体现个人健康信息蕴含的隐私权之保护诉求，而是通过

司法解释间接实现相关的隐私保护①。随着医疗卫生系统的发展，个人健康信息的保护逐渐受到重视。1998 年，原《中华人民共和国执业医师法》首次明确规定了患者的隐私保护，强调医师在执业过程中必须遵守职业道德，尊重并保护患者的人格尊严和隐私权，这一规定标志着我国的个人健康信息保护制度向前迈出了重要一步。

（二）互联网保护阶段：电子化信息与逐步立法

进入 21 世纪后，随着互联网技术的快速发展，个人健康信息开始以电子化的形式存储和传输。这一阶段，我国在修订和新制定的法律法规中逐渐加入了隐私和隐私权的相关规定。特别是在医疗相关的法律法规中，开始使用"患者隐私"或"个人隐私"等概念进行表述②，进一步明确了个人健康信息的保护范围。

为应对互联网环境下的信息安全风险，我国陆续出台了相关法律法规和政策文件。2012 年，全国人大的立法文件中开始明确涉及公民个人隐私的电子信息保护，为后续立法提供了指导。2014 年，最高人民法院的司法解释进一步涵盖了基因信息、病历资料等敏感健康信息，加强了个人健康信息的法律保护力度。同年，《人口健康信息管理办法（试行）》出台，细化了个人健康信息的保护措施。该办法明确了人口健康信息的定义、分类、收集、使用、存储、传输等方面的要求，为医疗机构和相关部门提供了具体的操作指南。2016 年，《网络安全法》的颁布标志着我国网络安全法律体系的初步建立。该法首次对"个人信息"进行了明确界定，并规定了网络运营者收集、使用个人信息的原则和要求。该部法律的出台为个人健康信息提供了更加全面的法律保护。

（三）大数据保护阶段：智能化应用与全面立法

随着大数据技术的广泛应用，个人健康信息的收集、存储、处理和分析能力获得了空前的提升，这一阶段的个人健康信息安全风险也随之加剧。为应对这一挑战，我国在近年来进行了全面的立法和技术标准

---

① 如 1988 年最高人民法院通过《关于贯彻执行〈中华人民共和国民法通则〉若干问题的意见》第 140 条以及 1993 年最高人民法院公布的《关于审理名誉权案件若干问题的解答》第 7 条中关于隐私问题等规定。

② 如《传染病防治法》《精神卫生法》《执业医生法》《护士条例》《乡村医生从业管理条例》等法律、法规中关于医疗隐私的规定。

制定。

从 2016 年开始，国务院和国家卫生健康委相继发布了关于健康医疗大数据的指导意见和管理办法。这些文件明确了健康医疗大数据的发展目标、重点任务和保障措施，规范了数据的开发利用和安全监管。特别是《国家健康医疗大数据标准、安全和服务管理办法（试行）》的出台，为数据安全监管提供了详细指导。在 2019 年，《基本医疗卫生与健康促进法》正式颁布实施。该法明确了公民在医疗卫生服务中的权利和义务，强调了医疗卫生机构在提供医疗卫生服务过程中应当保护患者隐私和个人信息，这一法律的出台进一步提升了个人健康信息的法律地位。2020年《民法典》的颁布实施为我国民事法律关系提供了基本遵循，该法明确将健康信息纳入个人信息范畴，为个人健康信息的保护提供了更加坚实的法律基础。随后的《数据安全法》和《个人信息保护法》的相继颁布，建立了个人健康医疗数据保护、数据分类分级与安全合规评估等制度，完善了医疗健康行业配套规则体系。

此外，国务院还发布了一系列政策文件和规范，如《促进大数据发展行动纲要》和《"健康中国 2030"规划纲要》[①] 等，明确了大数据在个人健康信息领域的应用前景和发展方向，同时也提出了明确的数据保护要求；而《信息安全技术、公共及商用服务信息系统个人信息保护指南》和《信息安全技术个人信息安全规范》等技术标准的发布则为个人健康信息的安全保护提供了可循的技术指导和操作规范。

在行业自律层面我国也相继出台了《中国大数据行业自律公约》《服务隐私保护公约》等一系列自律性规范，旨在引导行业内部自觉遵守个人健康信息保护的相关法规标准，强化企业的自我约束和社会责任。这些自律性规范的出台促进了行业内部的自我管理和规范发展，有助于提升整个行业对个人健康信息保护的重视程度和保护水平。

二 现行法律规制的局限与不足

目前，我国个人健康信息保护的立法模式尚未明确，有关健康信息

---

① 屈佳：《健康医疗数据治理体系建构的困境及对策》，《医学与社会》2023 年第 12 期，第 11 页。

的概念、范围、相关数据的归属权问题也较为模糊，其他的配套规定不仅分散，可操作性也不强。这使得执法部门对个人健康信息难以采取有效监管和保护措施，司法机关不得不在法律框架内进行更多的自由裁量，无形中增加了同类案件出现不同判决结果的可能性。

（一）现有法律规范的可操作性不强

尽管《个人信息保护法》已经颁布实施，但在实践中仍存在诸多不足之处。首先，现有法律条款没有界定个人健康信息的概念及其范围，对于标识化和匿名化的定义模糊不清，没有明确的标准来指导实践中的判断和应用。同时，对于处理个人健康信息时的"特定目的"和"充分必要性"，法律条款也缺乏清晰的阐释，导致相关主体在处理个人健康信息时难以把握尺度。其次，尽管《个人信息保护法》强调了"知情同意"的重要性，但在实际操作中，由于信息来源的多样性、技术漏洞以及监管不力等多重因素，个人健康信息主体的这一权利往往难以得到保障。这不仅损害了信息主体的合法权益，也对个人健康信息的安全和可信度造成负面影响。此外，现有法律还缺乏对个人健康信息收集、使用、删除等具体规则，导致相关主体在处理这些信息时缺乏清晰的指导，流程混乱无序，难以保障信息的安全性和隐私性。

在执法环节，根据《个人信息保护法》第60条，我国采取的是"网信部门牵头，其他部门各司其职"的监管模式。然而，由于个人信息跨领域、跨行业的特性，各执法部门在划分监管范围时面临巨大挑战。特别是个人健康信息，不仅涉及医疗卫生和药品监督，还可能触及保险、网络信息安全、公安等多个领域。当前，个人健康信息的界定尚不清晰，这无疑加大了对此类敏感信息进行有效监管和保护的难度。在法律救济环节，司法机关在追求"依法裁判"与"合理性裁判"双重目标时，个人健康信息界定的不明确使裁判者在"依法裁判"时陷入困境，法官们不得不在法律框架内进行更多的自由裁量。这种自由裁量权的行使，无形中增加了同类案件出现不同判决结果的可能性。以中国裁判文书网上的案例为例，尽管目前尚未出现直接针对个人健康信息的司法判决，但在类似性质的"行踪轨迹信息"案件中，由于定义的不明确性，已经导致了多种不同的判决结果：一些法院将航班详情等信息视为行踪轨迹信息的一部分①，而有的法院则主张应综合考虑查询者的目的等多重因素②，还有法院认为，行踪轨迹信息应严格限定为那些能直接定位到个人的具体坐标信息③。立法的不明确导致裁判行为存在较大的自由裁量空间，这使得"合理性裁判"成为一个难以捉摸、充满不确定性的要求。

（二）数据归属权问题亟待解决

如前文所述，数据化的个人健康信息蕴含丰富的价值。但是，其数据的归属权问题一直备受争议④。目前主要存在两种观点：一是私有化，即个人应拥有其健康医疗数据的所有权；二是公有化，即政府或相关机构应掌握数据的主要权利。

私有化观点的支持者主张，个人作为数据的原始生成者和最直接相关的主体，应当有权享有其数据所带来的实际利益。在这一框架下，数据收集者需要向个人支付相应的费用以获得数据的使用许可。同时，个人也拥有要求数据控制者对其个人数据进行更新或删除的权利，这些权利主要包括撤回同意和数据删除，它们共同构成了上文提及的"数据被遗忘权"。这一系列的权利设计旨在更全面地保护个人隐私和数据安全，确保个人在数据使用过程中的主导地位和合法权益。

而公有化观点的支持者对数据私有化持谨慎态度。他们担心私有化可能会导致数据过度集中在少数大型科技公司手中，形成数据垄断。在这种情况下，真正的数据生产者——个人在中心化的数据处理网络中可能会失去对自己数据的控制，进而成为被"数据剥削"的对象。因此，他们主张政府或相关机构应持有数据的部分权利，以确保数据能在更广泛的范围内得到公平使用，并最大限度地维护公共利益。这种立场强调了政府在数据治理中的角色，以及保护个人数据权益和推动数据公平使用的必要性。

---

① 韦天情、陈涛、徐文霞、张纬、何栋林侵犯公民个人信息案，参见辽宁省抚顺县人民法院判决书（2018）辽 0421 刑初 21 号。

② 朱荣伟、张顺侵犯公民个人信息案，参见江苏省苏州工业园区人民法院判决书（2017）苏 0591 刑初 814 号。

③ 羊汉统诈骗案，参见海南省第二中级人民法院判决书（2019）琼 97 刑终 222 号。

④ Sheehan J., Hirschfeld S., "Foster E, et al., Improving the Value of Clinical Research through the Use of Common Data Elements", *Clinical Trials*, 2016.

为了解决这个问题，我国在政策层面已提出构建公共数据、企业数据与个人数据的分类确权及授权制度的设想。不过，因为具体的实施方案尚未出台，数据归属权问题依旧悬而未决。因此，当前的核心任务之一是明确健康医疗数据的属性，以及个人对数据的权利。只有当数据的归属和使用权得到清晰界定，才能更好地捍卫个人隐私和数据安全，进而推动健康医疗数据的合规使用和共享。

三　法律规制的发展趋势与前景展望

在大数据时代，个人健康信息的保护框架构建涉及多个方面，包括政治、法律、文化、技术以及市场等，是一个复杂的系统工程，难以一蹴而就。在这种情况下，法律的制定工作应遵循"原则先行，规则后定"的思路[1]。即在制订具体法律规则之前可以先确立基本的法律原则，为后续立法工作提供指导。在必要的情况下也可地方立法先行，由于不同地域和群体的数据管理和隐私保护需求存在差异，因此在全国性法律制订条件尚未成熟的情况下，地方层面的立法先行先试成为了一种更为稳妥且必要的选择。比如贵州省贵阳市在大数据地方性法规的制定方面已经取得了一定成果[2]，为全国性的立法提供了重要的参考和经验。展望未来，有关个人健康信息的规制问题应从预防、救济以及国际合作领域着手，在立法中明确个人健康信息的概念及范围，加强政策及行业规范对数据信息的规制作用，完善健康信息泄露的通知、应急与惩罚机制，同时对国际合作中的医疗数据跨境流动加以规制。

（一）预防：法律、政策及行业规范的完善

第一，个人健康信息的法律界定问题。纵观域外立法，尽管不同国家和地区对个人健康信息的定义和称谓存在差异，但涉及个人身心健康状况的"信息性质"和具有"可识别性"功能这两个考量因素是各国对个人健康信息核心本质的共识，同时辅以"信息来源"作为分类标准。

---

[1]　粟丹：《论健康医疗大数据中的隐私信息立法保护》，《首都师范大学学报》（社会科学版）2019 年第 6 期，第 69—70 页。

[2]　贵州省贵阳市自 2017 年开始，分别出台了《贵阳市大数据安全管理条例》《贵阳市政府数据共享开放条例》《贵阳市健康医疗大数据应用发展条例》三部大数据地方性法规。

其中，"可识别性"功能因素是判断信息是否属于"个人信息"的前提，成为判断个人信息的核心构成要件。这一因素可作为我国界定个人健康信息的第一道门槛。而"信息性质"因素则是指医疗健康信息的性质是与个人生理或心理状况有关的内容，是在符合"可识别性"门槛的情况下，进一步判断个人信息是否涉及健康信息的标准。前文所述的域外代表性国家或地区均将此作为考量的主要标准，同样地，我国部分国家标准在定义健康信息等类似概念时，也采纳了这些因素作为衡量准则①。据此，该因素应当成为我国对个人健康信息进行界定的主要考量标准，即第二道门槛。

第二，政策在大数据时代的规制作用也不容忽视，技术政策、产业政策、隐私政策等都是重要的规制手段。在我国，中央和地方已经出台了系列政策来促进大数据的发展②，这些政策在实践中不断改进和完善，为未来上升为法律提供了良好的基础。

第三，行业技术标准规范在个人健康信息领域也发挥着至关重要的作用。虽然这些规范并不具备法律的强制效力，但它们为企业提供了明确的行为准则，对企业的信息使用行为起到了实质性的指导和约束作用。以《信息安全技术个人信息安全规范》为例，它详细规定了个人信息处理的具体要求，包括收集、保存、使用、委托处理、共享、转让、公开披露等各个环节，为众多应用程序提供了参考和执行的标准③。

（二）救济：通知、应急与惩罚机制的完善

第一，完善个人健康信息泄露通知的法律法规。目前，我国在个人信息泄露通知制度方面的规定尚不完备。《网络安全法》虽然对个人信息

---

① 如《信息安全技术个人信息安全规范》在"3.1 个人信息"的定义中明确提道："个人信息包括姓名、出生日期、身份证件号码、个人生物识别信息、住址、通信通信联系方式、通信记录和内容、账号密码、财产信息、征信信息、行踪轨迹、住宿信息、健康生理信息、交易信息等。"

② 如《"健康中国 2030"规划纲要》《"十三五"生物技术创新专项规划》《感染性疾病相关个体化医学分子检测技术指南》。

③ 国家标准管理委员会于 2018 年发布的《信息安全技术个人信息安全规范》首次定义了个人信息、明示同意等概念，明确了个人信息收集、保存、使用、委托处理、共享、转让、公开披露的具体要求，还提供了"个人信息示例""个人敏感信息判定""保障个人信息主体选择同意权的方法""隐私政策"模板等。

泄露的通知做出了一些笼统的规定，但触发条件、时限、内容及方式等均无进一步的具体说明，导致实际执行中存在诸多困难①。针对这一点，可以从美国、欧盟及澳大利亚等相应机制已然较为成熟的国家和地区汲取经验，结合我国实际情况，对电子健康档案数据泄露通知的法律法规进行细化和完善。制定详尽的操作指引，为信息泄露的通知标准和实施流程提供明确指导。

第二，建立个人健康信息泄露应急响应计划。鉴于个人健康信息的私密性和敏感性，对泄露的应对速度至关重要。参考欧盟和澳大利亚的做法，可强制存储和管理个人健康信息的机构，提前制定详细的信息泄露应急预案，并向政府部门提交备案。这种预案不仅有助于机构优化其信息处理和安全管理流程，降低信息泄露的风险，更重要的是，一旦发生信息泄露事件或产生潜在风险，机构便能及时启动应急预案，迅速做出反应，最大程度的减轻信息泄露对个人的不利影响。

第三，加大违反个人健康信息泄露通知制度的惩处力度。要确保个人健康信息泄露通知制度真正落地生根，法律的惩罚力度是关键。当前，我国对于此类违法行为的处罚相对较轻，违法成本较低，这在一定程度上削弱了法律法规的约束力。同时，监管机构的分散性也导致执法效果不尽如人意，针对这一点，可参考美国、欧盟以及澳大利亚等国家和地区的做法，设立一个统一、专业的监管机构，负责监督个人健康信息的收集、存储、使用和共享等各个环节。同时，要加强与公安、卫生等相关部门的协作配合，形成监管合力，确保个人健康信息在全流程中得到有效保护。

（三）国际合作：医疗数据跨境流动的规制

随着全球医学交流日益频繁，个人健康信息所面临的数据跨境流动的需求也愈加迫切。我国《数据出境安全评估办法》于 2022 年 9 月 1 日正式实施，而数月后的 2023 年 1 月，北京市互联网信息办公室（以下简称"北京网信办"）即发布公告，首都医科大学附属北京友谊医院（以下简称"北京友谊医院"）与荷兰阿姆斯特丹大学医学中心合作研究项目成

---

① 钟其炎：《澳大利亚电子健康档案全生命周期隐私保护体系及借鉴》，《北京档案》2019年第 2 期，第 18 页。

为全国首个被批准的数据出境安全评估案例。数据特别是医疗数据出境安全评估是近年来数据跨境流动的关注焦点，这不仅凸显监管机关对医疗数据合规出境的审慎态度，也在一定程度上体现了对医疗数据合规跨境交流与利用的积极认可。尽管此案例为医药企业在临床数据出境安全评估方面提供了宝贵的参考，但由于其特定的背景和数据场景，医疗数据出境方面的规制仍存在诸多未明之处，有待立法填补。

第一，北京友谊医院的项目属于国际多中心临床研究项目，这引发了关于涉及临床试验的医药企业数据出境是否需要提交安全评估申报的讨论。笔者认为，首例项目在数据处理者性质和出境业务场景方面具有特殊性，因此，医药企业是否同样需要履行这一申报义务，还需根据其企业性质、出境业务内容、信息系统状况以及拟出境数据的具体情况来综合判断。

第二，在医药企业涉及健康医疗数据出境安全评估的申报工作中，网信部门与相关行业部门的角色和分工尚未明晰。无论是针对医疗卫生机构还是涉及健康医疗数据的法规，都对这类数据的境内存储和境外提供设定了更为严格的要求。通常这些法规会要求在进行安全评估审核后才能向境外提供数据。对于医疗卫生机构和健康医疗数据而言，目前的行业监管部门是卫生健康主管部门。根据《个人信息保护法》的规定，网信部门在受理申报后，可以组织相关部门和机构进行安全评估。在北京友谊医院的案例中，卫生健康部门作为医疗卫生机构的行业主管部门，参与了该项目中跨境医疗数据利用的调研。然而，与医疗卫生机构不同，医药企业的行业主管部门并非卫生健康部门。因此，在进行涉及健康医疗数据的出境评估时，医药企业是否需要与网信部门和其他相关部门（如药品监管、卫生健康、市场监管部门等）进行沟通和协作，以明确数据出境的必要性和科学意义，这仍有待于后续立法和监管实践的进一步明确。

第三，关于行业主管部门是否会针对个人健康信息的跨境传输出台专门立法的问题，目前尚无定论。在制定医疗数据监管法规时，国家卫生健康委员会主要聚焦于数据的境内管理和使用，对于跨境传输方面则要求参照其他相关法规进行安全评估，因此针对该领域缺乏更细化的规定。考虑到医疗数据在跨境传输中的特殊性和重要性，以及国家卫生健康委员会在北京友谊医院案例中所表现出的积极态度和对立法调研的重视①，未来很有可能出台针对健康医疗数据跨境传输的行业规范。

第四，在国际合作层面，我国可积极倡导和推动建立数据跨境的统一治理框架，与世界卫生组织、国际电信联盟（International Telecommunication Union）② 等国际机构展开合作，协同制定个人健康信息跨境流动与交易的详尽规范，协商制定相应的国际标准。面对海量的医疗大数据跨境传输的保护，形成独立统一的数据保护执法机构，避免不同国家重复执法，有利于提高数据流动效率，同时实现对数据活动安全的保障。

第三节　个人健康信息的域外法律规制：
国际经验与合规实践

随着全球化的深入推进与科技的迅速迭代，个人健康信息的保护与跨境流动已成为全球性的焦点议题。不同国家和地区在探索个人健康信息管理之道时，形成了各具特色的法律规制体系，提供了多样化的参考视角。从欧盟的集中式立法架构，到美国的部门化法规布局，再到针对信息泄露所设计的救济策略等，均映射出国际社会在个人信息保护领域的持续探索与努力。通过深入剖析个人健康信息的域外法律规制框架，细究其中的通知机制与处罚体系等关键环节，或可为我国在个人信息保护立法与实践领域提供一定的参考与启示。

一　个人健康信息的基本要素

（一）信息主体

1. 自然人

在欧盟的法律框架内，《个人数据处理保护规则》③ （*Protection of in-*

① 2021 年 7 月，国家卫生健康委员会在《关于政协十三届全国委员会第四次会议第 3854 号（医疗体育类 381 号）提案答复的函》中表示，"我委将积极配合相关部门推动出台有关（即针对临床研究数据出境问题）应对办法，并在此基础上推进医疗卫生机构落实相关工作"。

② 联合国专门机构之一，主管信息通信技术事务。

③ Protection of Individuals with Regard to the Processing of Personal Data, http：//www. europarl. europa. eu/sides/getDoc. do? type = TA&language = EN&reference = P7 - TA - 2014 - 0212.

dividuals with regard to the processing of personal data)为个人信息提供了最坚实的保护。该规则详尽地界定了个人数据的范围,几乎涵盖了与已识别或可被识别的自然人相关联的所有信息,并明确了这类自然人在信息处理中的主体地位。然而,一个值得探讨的问题是:死者的信息在这一框架下应如何定位?

2. 死者

欧盟数据保护工作组指出,从法律的角度来看,死者在死亡后不再享有自然人的法律地位。因此,在大多数情况下死者并不直接被视为信息主体。然而这并不意味着死者的信息可以被任意处理。事实上,欧盟的相关法规体系对死者的信息提供了一定程度的间接保护。在处理死者信息时,通常需遵循与处理生者信息相同的规则和标准,以确保对死者数据的尊重和保护。这种保护不仅体现了对个人信息权益的维护,也反映了对死者及其亲属尊严的尊重。此外,在某些特定情况下,死者的信息可能与生者的利益紧密相连。例如,死者的遗传信息可能关系到尚在人世的家庭成员的健康与福祉。这种情况下,对死者信息的处理需要更加谨慎和细致,以确保不损害相关生者的合法权益。值得一提的是,在具备合法性和正当性的前提下,欧盟部分成员国的法律可以允许对死者数据进行额外保护①。这种灵活性为成员国提供了根据本国实际情况制定更加细致和全面的数据保护政策的空间。同时,也体现了欧盟在个人信息保护方面的严谨态度和开放精神。在加拿大联邦层面,《个人信息保护与电子档案法案》对个人健康信息的定义相当宽泛,涵盖了生者和已故者两大类群体的信息。而在新不伦瑞克省,《个人健康信息隐私与使用法案》则进一步细化了对死者健康信息的处理规定。该法案强调,在处理死者信息时,必须首先尊重死者生前的意愿。这包括遵循死者在生前所做出的任何书面指示,如授权书中的具体条款。如果死者对外界公开的生前愿望、价值观和信仰等能够反映他们对健康信息处理方式的期待,那么这些信息也应考虑并纳入处理决定中。

而在美国,包括个人病历在内的健康信息保护受到 HIPAA 隐私规则

① Opinion on the Concept of Personal Data, http://ec.europa.eu/justice/data-protection/article-29/documentation/opinion-recommendation/files/2007/wp136_en.pdf.

这一联邦层级的统一规范①。该规则适用于医疗保健工作中涉及电子健康信息传输的多个场景，特别是对于死者健康信息的保护有着明确的规定。根据 HIPAA 隐私规则，医疗机构在可识别身份的个人死亡后的 50 年内，必须继续保护其健康信息的隐私。但这并不意味着死者的健康信息完全不可披露，规则中规定了若干例外情况，允许医疗机构在特定条件下披露死者的健康信息。首先，医疗机构可以向死者的家庭成员、代理人或其他照顾者通知死者的死亡情况。这是为了保障家庭成员的知情权和处理后事的需要。其次，若死因涉及刑事犯罪嫌疑，医疗机构有权将相关的健康信息披露给执法机构，以配合刑事调查并维护公共利益。此外，为了确认死者的身份、确定死因或履行其他法定职责，医疗机构可以向验尸官和法医提供必要的健康信息。如果是用于医学研究，医疗机构可以在满足一系列前提条件的情况下，使用或披露死者受保护的健康信息，包括获得其他研究人员的授权、提供有关死者死亡的相关文件资料，同时要确保使用或披露这些信息对研究目的而言具有必要性。最后，医疗机构在向死者的家庭成员、曾参与其生前护理的亲属、密友，或支付过医疗保健费用的其他人员，以及死者生前明确指定的人透露其受保护的健康信息时，必须确保死者生前没有明确表达过反对意愿。

3. 其他主体

根据加拿大的《个人信息保护与电子档案法案》的规定，信息管理人可以披露死者健康信息的特定情形。这些情形包括确认死者身份、向相关人员通知死亡事实和原因、在遗产管理过程中向死者代理人提供必要信息，以及满足死者近亲属的合理需求等。特别是当近亲属需要利用死者的健康信息来做出关于自身或子女健康的决策，或者当信息披露对他们接受医疗服务至关重要时，信息管理人有责任提供这些信息。同时，法案也允许在符合规定的情况下，使用经过匿名处理的死者健康信息进行研究。美国部分州为了充分尊重个人的医疗隐私权和家庭成员的知情权，还采纳了如预设医疗指示（Advance Directives）和医疗保健永久授权书（Durable Powers of Attorney for Healthcare）等措施，赋予这些文件的持

---

① The HIPAA Privacy Rule，http：//www. hhs. gov/hipaa/for-professionals/privacy/index. html，2024 年 2 月 7 日访问。

有人（主要是已故患者的家庭成员）获取死者健康档案的权利。例如，未成年死亡患者的父母被授权可以获取病历信息或进行相关信息的披露；生存的配偶或后代有权利获取已故亲属的健康档案。值得一提的是，这些州还特别强调了家庭成员拥有限制死者信息被公开披露的权利①。除此之外，为了促进医学研究和器官捐献事业的发展，一些特定机构被授权获取死者受保护的健康信息，例如人体器官获取组织（organ procurement organizations）以及从事遗体器官、组织捐献和移植事务的实体。

（二）信息特征

1. 敏感性

个人健康信息被欧洲理事会在1981年的相关法规（《个人数据自动化处理公约》及其《解释报告》）中明确标记为"特别敏感"的数据②，这一分类在随后的欧洲议会法规（2014年欧洲议会的《个人数据处理保护规则》第9条）中得到了进一步的确认。个人健康信息之所以敏感，是因为它融合了个人的身份和医疗健康细节。当这两部分信息分开时，它们可能并不具有高度敏感性。例如，单纯的身份信息泄露在网络环境下可能引发隐私担忧，然而在某些公共环境中，身份信息泄露可能并不会构成隐私问题，因为在这些场所，信息的流通与共享被视为常态，个人的身份信息在一定程度上已经被视为公共信息，其私密性相对较低。同样，如果仅仅是健康信息被泄露，但无法与具体个人关联，那么其隐私侵犯的风险也相对较低。然而，当这两类信息结合时，它们就构成了高度敏感的个人健康信息。

2. 可识别性

加拿大新不伦瑞克省在其《个人健康信息隐私与使用法案》中，对可识别信息（identifying information）作出了明确定义，即能够直接确认个体身份，或者在某些特定情境下，通过逻辑推理或合理推测间接锁定到具体个人的信息。而对于那些已经去除身份特征的信息，即所谓的去身份化信息（de-identified information），信息管理人则被赋予了更宽泛的

---

① Electronic Code of Federal Regulations. http：//www. ecfr. gov/cgi-bin/text-idx? SID = 85132b9cec0d78f0b43aec354a3ec434&mc = true&tpl = /ecfrbrowse/Title45/45cfrv1_02. tpl#0.

② 姜雯：《电子病历相关问题研究》，《中国卫生法制》2015年第6期，第20页。

权限，可以基于各种目的进行收集、使用和披露。除此之外，还有一个与可识别性相对的概念——"匿名数据"（anonymous data）。这类数据由于已经完全剥离了与个人身份相关的所有标识，因此在隐私保护方面享有特殊待遇。欧洲议会在其《个人数据处理保护规则》中明确指出，其保护规则不适用于匿名数据，尤其是那些用于统计分析和研究目的的数据集。

3. 广泛性

在涉及个人健康信息的立法定义上，普遍存在着一种开放和包容的态度。这种态度的形成主要基于两大核心考量。其一，是为了确保信息主体的权益得到最全面的保护。以欧盟为例，其在定义个人信息时采用了极为宽泛的措辞，如"任何数据"等，旨在涵盖从客观到主观、从正确到错误的所有信息类型。澳大利亚的《健康档案（隐私和使用）法案》也同样体现了这一原则，明确对个人信息界定包含各种事实和判断，而不考量其准确性如何。其二，立法上的开放性态度也是为了更好地适应和应对新技术、新设备带来的挑战。随着科技的不断发展，新型的健康应用程序和设备层出不穷，它们所产生的数据类型也日益多样化。为了有效管理和保护这些数据，立法机构需要保持足够的灵活性和前瞻性。例如，欧盟的数据保护工作组就根据欧洲委员会的要求，将与生活方式、健康应用相关的数据纳入受保护的健康数据范围。这种做法既能迅速适应新技术带来的变革，也为个人健康信息的保护构筑了更坚实的法律屏障。

（三）信息用途

个人健康信息的使用，可以分为初次使用和二次使用两种形式。在医疗实践中，初次使用通常指的是为个体患者提供直接的医疗服务，如诊断、治疗和康复等。这种使用方式主要关注患者的个体需求和健康状况，旨在提供个性化的医疗解决方案。而二次使用则更加注重对数据的深度挖掘和分析，以支持公共卫生政策制定、医学研究、药物研发等更广泛的社会健康目标[1]。

---

① 李亚子、田丙磊、李艳玲等：《医疗健康信息二次利用中安全隐私保护研究》，《医学信息学杂志》，2014年第9期，第3页。

　　为了有效管理和规范这两种使用方式,部分国家和地区的法规体系对个人健康信息的初次使用和二次使用予以了明确的许可和限制。在德国,法律规定二次使用的数据必须满足特定的条件和标准,以确保其合法性和正当性。这种分类管理的做法有助于更好地平衡个人隐私和数据利用之间的关系,促进个人健康信息的合理流动和有效利用。

　　欧洲议会在保护信息主体的隐私权和知情同意权方面采取了全面细致的措施。其《个人数据处理保护规则》不仅从技术上明确区分了假名数据(pseudonymous data)和加密数据(encrypted data),还从法律层面对健康数据、基因数据和生物识别数据的处理进行了严格的限制和监管。这些规定确保了个人健康信息在收集、存储、使用和共享过程中的安全性和保密性。在具体实践中,欧洲议会要求处理个人健康信息必须事先获得信息主体的明确同意。特别是在涉及历史、统计和科研目的时,处理个人健康信息还需要满足一系列额外的条件和要求。例如,必须确保所使用的数据是不可识别的,或者采用最先进的技术标准将身份信息与其他信息进行有效分离,以防止未经授权的身份恢复和数据滥用,这些严格的要求旨在确保个人健康信息在科学研究和社会公益领域的应用中能够得到充分保护和尊重。然而,这种严格的同意要求也引发了一些争议。一些医学研究组织和学术界人士认为,过于严格的规定可能会限制医学研究的进展和创新[①]。他们呼吁在制定相关规定时能够更加灵活地考虑各方利益,寻求更加妥善的解决方案。例如,可以通过建立更加完善的数据共享机制和隐私保护技术,来平衡患者权益和数据使用之间的关系,促进医学研究的健康发展。

　　此外,欧盟还在不断探索和完善个人健康信息的保护机制。例如,针对公共卫生领域的研究需求,欧盟允许在获取信息主体同意的情况下处理其医疗数据。同时,为了满足重大公共利益的需要且无法通过其他方式实现时,成员国的法律可以对"同意"规定例外情况。但这些例外情况必须严格遵守法律的规定和程序要求,确保个人健康信息的安全性和隐私性得到充分保障。

---

① A Step forward on Data Sharing and Consent, the Lancet, 2014.

二　个人健康信息的立法模式

国际社会对于个人健康信息的保护主要存在两种立法模式：一种是以欧盟为代表的专门立法模式，其特点在于制定全面统一的个人信息保护法律；另一种则是美国所采取的分散立法方式，该模式并不制定统一的个人信息保护法，而是依据不同行业的特性和需求，分别制定相应的个人信息保护规范①。

（一）专门立法模式——以欧盟为代表

欧盟对于个人信息的保护通常被认为走在了世界的前列。自 20 世纪 70 年代起，随着信息技术的兴起，欧洲各国便意识到个人信息保护的重要性，纷纷进行立法尝试。经过数十年的发展，欧盟已构建了一套全面、统一且高效的个人信息保护法律体系②。这套法律体系的核心理念源自"信息自决权"③，强调个人在处理其信息时应享有的知情、同意、参与等权利。然而，与纯粹的私权不同，信息自决权在欧盟的法律框架中更多地被视为一种基本人权，受到公权力的强有力保障。这也正是欧盟立法模式的一大特色：突出国家公权力在数据保护中的主导地位，确保个人信息得到切实有效的保护。

具体到个人健康信息这一特殊领域，欧盟的立法体现了细致入微的关怀。从《数据保护公约》到《数据保护指令》（*EU Data Protection Directive*），再到具有划时代意义的《通用数据保护条例》（*General Data Protection Regulation*，GDPR），欧盟对个人健康信息的保护力

---

① 周汉华：《中华人民共和国个人信息保护法（专家建议稿）及立法研究报告》，法律出版社 2006 年版，第 204 页。

② 自 1970 年德国黑森州颁布首部数据保护法以来，瑞典、德国等国也相继制定了各自的数据保护法。为了统一保护标准并促进个人数据的跨境流通，经济合作与发展组织（OECD）在 1980 年通过了《隐私保护和个人数据跨境流通指南》，而欧洲委员会也于次年发布了《数据保护公约》。1995 年，欧盟进一步通过了《数据保护指令》（EU Data Protection Directive），为成员国提供指导。随着大数据技术的飞速发展，个人数据保护与利用的矛盾愈发突出，原有的保护规则亟须更新换代，于是欧盟在 2016 年批准了《通用数据保护条例》，该条例自 2018 年起在欧盟范围内生效并且具有域外效力。

③ "信息自决权"由德国学者施泰姆勒首先提出并在 1984 年德国联邦宪法法院的"人口普查案"得以确立。

度不断加强。GDPR 不仅扩大了特殊类型个人信息的范围,将基因数据、生物特征数据等纳入其中,还对这些信息的处理施加了更为严格的限制。例如,禁止将基因数据和生物特征数据用于识别自然人身份,以及原则上禁止处理健康数据等高度敏感的信息。目前,欧盟的个人健康信息保护立法已经超越了单一的信息自决权基础,而是以个人基于其基本权利和自由对个人信息处理所享有的综合性权利为核心。此外,欧盟的立法还充分考虑了个人信息的跨境流动问题。在全球化背景下,个人信息的跨境传输和处理已成为常态。为了确保个人信息在跨境流动中依然得到有效保护,欧盟在 GDPR 中引入了"充分性认定"机制,即对其他国家和地区的个人信息保护水平进行评估,只有达到欧盟认定标准的国家和地区,才能与欧盟进行个人信息的跨境传输和处理。这一机制不仅保障了个人信息的安全,也促进了国际间的互信与合作。

值得一提的是,欧盟在个人信息保护方面的立法并非一成不变。随着技术的不断进步和社会需求的变化,欧盟也在不断完善其法律体系,以适应新的挑战和需求。例如,近年来随着人工智能、大数据等技术的迅猛发展,欧盟已开始着手调整相关法规,以确保这些新技术在个人信息保护方面得到合规应用。

除了欧盟以外,以下国家和地区也在个人信息保护上采用了专门立法模式:加拿大通过《个人信息保护与电子文件法案》(*Personal Information Protection and Electronic Documents Act*,以下简称"PIPEDA")确立了一套全面的个人信息保护制度。该法案要求企业在收集、使用或披露个人信息时必须遵守一定的原则和规定,并赋予了个人对其信息被收集、使用和披露的知情权、同意权以及访问权等权利。同时,加拿大还设立了专门的隐私保护机构来负责监管和执行相关法规,以确保个人信息得到切实有效的保护。德国通过《个人资料保护法》(*Bundesdatenschutzgesetz*,BDSG)对个人信息的收集、处理和使用进行了详细规定。该法案强调了对个人隐私的尊重和保护,并规定了严格的数据处理标准和程序。同时,德国还设立了专门的数据保护机构来负责监管和执行相关法规,以确保个人信息的安全和合规性。此外,德国还非常注重对企业和机构的数据保护培训和指导,以提高全社会的数据保护意识和能力。英国在

《数据保护法》(*The Data Protection Act*) 中明确了个人信息的保护原则和监管机制。该法案要求企业在处理个人信息时必须遵守一定的原则和规定，并赋予了个人对其信息被收集、使用和披露的知情权、同意权以及更正权等权利。同时，英国还设立了专门的信息专员办公室来负责监管和执行相关法规，以确保个人信息得到切实有效的保护。此外，英国还非常注重与国际社会的合作与交流，积极参与国际数据保护标准的制定和推广工作。

（二）分散立法模式——以美国为代表

在美国，隐私权的概念经历了从物理空间到信息空间的扩展。最初，隐私权主要被理解为保护个人物理空间不受侵犯的权利，如住宅的私密性。而随着技术的发展，特别是通信和信息技术的飞速进步，个人信息的收集和传播变得越来越容易，隐私权的保护范围也逐渐扩展到了个人信息领域。布兰代斯和沃伦在 19 世纪末在《哈佛法律评论》中提出的 "The Right of Privacy" 隐私权概念，最初并没有得到美国法律的认可。因为，在计算机广泛应用之前，个人信息的收集、处理和传播主要依赖手工方式，隐私泄露的风险相对较低。但随着计算机技术的普及，特别是数据库和网络的广泛应用，个人信息的收集、存储和处理变得异常高效和便捷。一方面为个人信息的使用提供了便利，另一方面也极大地增加了个人隐私泄露的风险。社会对个人隐私权益的日益关注使得美国政府逐渐开始重视个人信息隐私的保护，隐私权逐渐成为了美国法律体系中一项重要的权利。[1] 首先，美国卫生、教育与福利部[2]在 1973 年发布《记录、计算机和公民权利》报告，该报告不仅分析了计算机技术对个人隐私的潜在威胁，还提出了一系列建议来规范数据处理行为，以保护个人隐私，这些建议为后续的个人信息隐私立法提供了重

---

[1] 　直到 1939 年，美国的《侵权法重述》（第一次）(*Restatement of Torts First*) 才正式承认了隐私权作为一项独立的权利，并将无正当理由严重侵犯个人隐私的行为纳入可起诉的范畴。宪法性隐私权的提出和推动得益于电子监听案件的诉讼和判决，1976 年的 "Whalen v. Roe" 案是美国宪法隐私权保护历程中的里程碑式案件。该案首次明确了宪法性隐私权涵盖信息隐私和自决隐私两个方面，使隐私权在本质上得到了宪法的承认，成为一种重要的人格性权利。

[2] 　在 1980 年更名为卫生与公众服务部 (Department of Health and Human Services, HHS)。

要的参考①。HIPAA 是保护个人健康信息的一部重要法律，除了医疗信息技术的快速发展，HIPAA 的制定也与美国复杂的医疗体系有关。由于美国的医疗服务提供者、保险公司、政府机构等众多实体之间需要进行大量的信息交流和共享，导致了个人健康信息在传输、存储和处理过程中存在较高的风险，极易被未经授权的第三方获取和滥用。同时，随着医疗信息技术的快速发展，EHR、医疗信息系统（HIS）等数字化工具在医疗领域得到广泛应用。虽然这些技术提高了医疗服务的效率和质量，但同时也带来了安全隐患。例如，黑客会利用系统漏洞或恶意软件攻击医疗信息系统，窃取个人健康信息并进行非法活动。

为了切实保障个人健康信息的安全，HIPAA 的核心内容涵盖隐私规则、安全规则和违规处罚规定。隐私规则详细阐述了"受保护的健康信息"（PHI）的定义和范围，以及处理这些信息时应遵循的原则和程序，同时要求相关机构和个人在收集、使用或披露个人健康信息时必须获得患者的明确同意，并且要遵循最小必要原则，即只收集和处理实现特定目的所需的最少信息。安全规则则要求相关机构和个人采取适当的安全措施来保护电子健康信息的安全性和机密性，包括加密、访问控制、审计跟踪等技术手段。为了确保 HIPAA 的有效执行，美国卫生与公众服务部（Department of Health and Human Services，HHS）设立了民事权利办公室（Office for Civil Rights，OCR），负责监管和执行 HIPAA 的规定。OCR有权对违反 HIPAA 的行为进行调查和处罚，包括罚款和刑事追责等。此外，OCR 还提供教育和培训资源，帮助相关机构和个人理解和遵守HIPAA 的要求。除了对医疗机构和相关组织的规范外，HIPAA 还赋予患者一系列权利来保护自己的健康信息隐私。这些权利包括查看和复制自身医疗记录的权利、请求修正错误信息的权利以及限制某些信息披露的权利等。如果患者认为自己的隐私权益受到侵犯，他们可以向 OCR 投诉或寻求法律救济。在法律责任方面，违反 HIPAA 的行为可能会面临严重

---

① 美国国会在 1970 年通过了首部旨在保护个人信用信息的法律：《正当信用报告法》（*Fair Credit Reporting Act*）。1974 年，为了进一步保护学生信息，美国又颁布了《家庭教育权利与隐私法》（*Family Education Rights and Privacy Act*），严格限制学生信息的公开。1986 年，美国国会制定了《电子通信隐私法》（*Electronic Communications Privacy Act*）以保护个人通信隐私。

的后果，如罚款、刑事追责以及声誉损失等。

总的来说，美国在个人健康信息保护方面的法律制度经历了漫长而复杂的发展过程，并逐渐形成了以 HIPAA 为核心的法律体系。HIPAA 的实施对美国医疗体系产生了深远的影响。一方面，它强化了医疗机构和相关组织对个人健康信息的保护责任，提高了患者对医疗服务的信任度；另一方面，它也促进了医疗信息技术的创新和应用，推动了医疗体系的现代化进程。

三　个人健康信息泄露后的救济制度

在域外实践中，个人健康信息泄露后的救济制度主要围绕通知机制与惩罚机制两大核心要素展开。通知机制，作为应对健康信息泄露事件的初始响应措施，关键在于确保信息主体及相关机构能够在第一时间获得风险通知，从而得以迅速采取必要的防范措施，最大程度地减轻潜在损害。由于不同国家在法律体系、文化背景等方面存在显著差异，通知机制的设计与实施也呈现出多样化的特点。总体而言，这些机制可以根据触发条件的不同而分为严格触发、灵活触发和风险评估触发三种主要模式。而惩罚机制则是确保制度得以有效执行的重要保障。惩罚机制构建了包括民事罚金、行政处罚以及刑事责任在内的多层次处罚体系，旨在对违法泄露个人健康信息的行为进行打击和制裁。

（一）通知机制

1. 通知机制的触发模式

针对个人健康信息的泄露问题，各国根据其独特的法律体系和文化背景，建立了不同的通知机制。这些机制大致可以分为三种触发模式：严格触发模式、灵活触发模式和风险评估触发模式。

（1）严格触发模式

以加拿大安大略省为代表，该模式对个人健康信息的保护采取较为严格的立场。一旦发生信息泄露，不论其规模大小和影响程度，相关机构都必须立即启动通知程序，向受影响的个人和监管机构报告。这种"零容忍"政策的目的在于确保信息主体能够在第一时间得知自己的信息可能已经泄露，从而能够迅速采取行动以减少潜在的损害。然而，严格触发模式也存在一定弊端。首先，即使最微小的泄露事件也需要进行报告,加重了信息处理者的工作负担和成本支出,还可能引发"通知疲劳"。其次,频繁的通知可能会导致公众对这类事件产生麻木心理,从而降低对真正严重的泄露事件的警觉性和重视程度①。

(2) 灵活触发模式

欧盟的 GDPR、加拿大的 HIA、美国的 HITECH 以及澳大利亚《隐私法》均采用该模式。在这种模式下,只有当个人健康信息的泄露达到一定程度,即可能对个人造成严重损害或存在明确风险时,才可能触发通知机制。这种模式更加注重泄露事件的实际后果以及对个人的具体影响。灵活触发模式的优点在于它能够避免对轻微或无意的泄露事件过度反应,从而减轻相关机构的工作负担。然而,这也带来了一个问题:如何界定"严重损害"?不同国家和地区对此可能有不同的解释和定义。例如,美国将其定义为"对个人的财产、名誉或其他方面造成重大损害"②。欧盟对此的定义则更加宽泛,规定"此类损害的示例包括歧视、身份盗用或欺诈、经济损失和声誉损害"③,这种差异性增加了跨境信息处理者的合规难度和成本。

(3) 风险评估触发模式

除了上述两种模式外,还有一种以风险评估为基础的触发模式。在这种模式下,只有当信息或系统的安全性和完整性本身遭到实质性破坏或篡改时,才需要启动通知程序。美国的 HIPAA 和澳大利亚《我的健康记录法》(*My Health Records Act 2012*,MHR)都采用了该模式。它强调对泄露事件进行客观的风险评估,以确定是否需要通知受影响的个人。风险评估触发模式的优点在于它能够减少因主观判断失误而导致的误报和漏报情况。然而,它也可能忽略那些虽然未对系统造成直接影响但却严重侵犯个人权益的泄露事件。因此,在实际运作中,这种模式通常需要与其他模式相结合使用,以确保全面和公平。

---

① Jade M. K., "Australia Would Benefit From US – Style Health Information Security Regulation", *Australian National University Journal of Law and Technology*, 2020.

② 张全:《科技期刊知识交流效率评价及影响因素研究》,《中国科技期刊研究》2014 年第 11 期,第 1410 页。

③ 万莉:《学术期刊知识交流效率评价及影响因素研究》,《中国科技期刊研究》2017 年第 12 期,第 1162 页。

综上所述，三种通知机制触发模式各有优缺点以及适用的场景。各国和地区在实践中应根据自身情况选择适合的模式并进行细节调整，以确保通知机制的有效性和合理性。同时，加强国际合作与交流也是应对跨境信息处理中合规风险和挑战的重要途径之一。尽管有明确的触发条件规定，但在实际操作中，并非所有个人健康信息泄露事件都会触发通知程序①。国际社会在豁免规定方面也存在一定差异，这反映了各国在权衡个人信息保护与避免过度通知之间的不同考量。以欧盟为例，其豁免规定主要侧重于风险评估。只有当泄露事件可能对个人权利和自由构成实质性风险，且信息控制者未采取适当措施降低这种风险时，才需要发出通知。相较之下，美国更关注实际操作中的无意泄露以及合理信任原则。例如，如果员工在授权范围内出于善意处理信息，或者泄露的信息无法被未经授权的人保留，则可免于通知，一定程度上反映了美国在信息保护层面对无意过错的宽容态度。澳大利亚则考虑到了多个通知义务主体可能存在重复通知的情况，如果已经有其他主体进行了通知，或者基于法定原因、保密义务或取得了澳大利亚信息专员办公室的同意（*Office of the Australian Infor-mation Commissioner*，以下简称"OAIC"），也可以免除通知义务。这种规定有助于避免重复通知给个人带来的困扰，同时也确保了通知的有效性。而在加拿大，如果通知行为本身可能给个人带来身心损害，那么也可以被豁免。

2. 通知义务主体

虽然各个国家和地区对个人健康信息泄露中的通知义务主体规定存在差异，但基本都涵盖了所有处理、控制或保管此类信息的实体或个人，这一规定几乎将所有处理和持有信息的机构都纳入了通知义务的范畴。例如，欧盟 GDPR 规定，处理欧盟公民个人信息的机构，无论其办公地点或注册地点是否在欧盟境内，也无论该信息处理行为是否实际发生在欧盟境内，均适用《通用数据条例》的相关规定②。相较之下，美国的规

---

① 陈琬珠、相丽玲：《中外个人健康医疗信息泄露通知制度比较研究》，《现代情报》2022年第 10 期，第 126 页。

② 钟其炎：《澳大利亚电子健康档案全生命周期隐私保护体系及借鉴》，《北京档案》2019年第 2 期，第 16 页。

定更为复杂和细致。除了 HIPAA 中规定的"被涵盖实体"(Covered Enti-ties, CE)及其"合作伙伴"(Business Associates, BA)外,非 HIPAA 中的被涵盖实体,如个人健康医疗信息记录的国内外供应商、个人健康记录(Personal Health Records)相关实体、第三方服务供应商等,也负有通知义务。澳大利亚《我的健康记录法》要求当相关系统中的信息发生泄露时,系统的参与者必须报告数据泄露情况,这些参与者包括系统操作员即澳大利亚数字卫生局、注册的医疗保健服务机构等。此外,《隐私法》中规定的其他负有个人信息保护义务的主体也需履行通知义务。在加拿大,不同省份对通知义务主体的规定略有不同,例如,在阿尔伯塔省,信息保管人及其附属机构需承担通知义务;而在安大略省,则主要是健康保健从业者等信息保管人负有通知责任,附属机构并不负通知责任。

3. 通知对象

域外经验中,当个人健康信息发生泄露时,通知对象主要包括受影响的个人、相关监管机构以及社会公众。在欧盟,根据 GDPR 的规定,数据处理者在察觉信息泄露后需要首先通知数据控制者,再由数据控制者通知监管机构和数据主体,即信息遭到泄露的个人。而在美国,根据 HIPAA 的规定,BA 在发现泄露后需要通知 CE。如果受到侵害的人数达到 500 人,除了受害者外,CE 还需要通知知名媒体以及美国卫生与公众服务部(HHS)秘书处。而对于非 HIPAA 中的 CE,一旦发现信息泄露,则需要通知受影响的个人以及联邦贸易委员会。澳大利亚的通知义务主体需要通知受影响的个人、公众以及 OAIC。如果是系统运行商以外的实体发生信息泄露,则还需通知系统运营商。加拿大的通知对象与通知义务主体的规定类似,不同省份之间存在差别。正如上文所述,在阿尔伯塔省,发生信息泄露时主要由信息保管人负责通知。具体而言,保管人需要通知隐私专员、阿尔伯塔省卫健委以及受影响的个人,而附属机构(如果有的话)则需要通过信息保管人来履行通知义务。而在安大略省,除了要通知受影响的个人外,还需要通知隐私信息专员以及与隐私保护、信息处理相关的专业机构。

4. 通知内容

在欧盟,当发生个人健康信息泄露时,向监管机构通知的内容必须详尽,包括泄露数据的具体性质、涉及的数据保护局及其他相关主体的名称和联系方式、泄露可能导致的后果，以及为应对泄露已经采取或计划采取的措施。同时，对于受影响的个人，除了提供与监管机构相同的详细信息外，还需特别建议他们应采取的保护措施。在美国，个人健康信息泄露的通知内容要求全面且具体。包括了对事件的详细描述、泄露的个人健康信息种类、针对个人的建议措施、泄露后已采取的措施，以及提供有效的联系方式，如电话、邮箱、网址或邮政地址。这样的通知旨在确保受影响的个人能够及时了解情况，并采取必要的行动来保护自己的隐私和安全。澳大利亚对于个人健康信息泄露的通知内容有着严格的规定。在"我的健康记录系统"中，系统操作员必须向系统运营商和监管机构提供详细的泄露情况，包括事件描述、涉及的信息类型、受影响人数、发生时间、原因分析等。同时，系统运营商还需要向受影响的个人提供通知，内容应涵盖实体的身份和联系方式、事件描述以及建议个人采取的措施。对于系统外的泄露，通知内容应包括实体的名称和联系方式、泄露事件描述、涉及的信息类型和规模，以及建议个人采取的保护措施。加拿大不同省份对于个人健康医疗信息泄露的通知内容有所差异。以阿尔伯塔省为例，附属机构需要向保管人提供泄露情况、发生和发现的时间以及泄露的信息类型等详细信息。保管人则需要向隐私专员、卫健委和个人提供更为详尽的通知，包括保管人的名称、泄露的具体情况、对泄露信息的非识别性描述、可能给个人造成的伤害风险以及已采取的措施等。而在安大略省，保管人向个人提供的通知还应包括泄露日期、性质和范围、涉及的信息种类以及建议个人采取的措施等内容。同时，保管人还需要向信息专员提供事件描述、已采取的措施以及未来的预防措施等信息。

（二）惩罚机制

1. 民事罚金

欧盟《通用数据保护条例》根据违规行为的性质和严重程度，设立了两个不同的罚款档次。对于第一档违规行为，罚款金额可达到被处罚实体全球年度营业额的2%或100万欧元，取两者中较高值；而对于第二档更为严重的违规行为，罚款金额则可达到其全球年度营业额的4%或2000万欧元，同样取两者中较高值作为罚款标准。与之类似，美国的HIPAA法案在确定罚金数额时也综合考虑了多种因素，包括受管辖机构是否知情、是否已履行合理注意义务、是否存在主观过错等，并特别加入了时间要素。具体来说，法案对 2009 年 2 月 18 日之前和之后的违法行为设定了不同的罚金标准①。针对 2009 年 2 月 18 日之前的违法行为，每次违规的罚金上限为 100 美元，在一个完整年度内（即从 1 月 1 日—12 月 31 日），同一类型的违规行为累计罚金不超过 2500 美元。而对于 2009 年 2 月 18 日之后的违法行为，每次的罚款金额则大幅提升，介于 100—50000 美元甚至更高。同时，在一年内（即从 1 月 1 日至 12 月 31 日）同一类型的违规行为累计罚金上限也相应提高，最高可达 150 万美元。在决定罚金数额时，美国卫生与公众服务部（HHS）会综合考量违法行为的性质、程度、造成的伤害的程度与性质、遵守管理简化条款的历史情况等因素，具有一定的可操作性。

2. 行政处罚

如澳大利亚《隐私法》允许信息专员对违规实体发出正式警告。而我国《网络安全法》规定，对于未履行网络安全保护义务的实体，相关部门有权给予责令改正、警告、罚款等行政处罚。

3. 刑事责任

与我国的有关规定类似，大部分国家和地区的数据保护法都没有直接包含刑事处罚条款，如 PIPEDA 虽然本身没有刑事处罚规定，但违规行为可能触犯刑法典中的相关条文。也有少数国家直接在数据保护的专项法律中规定了刑事处罚措施，例如英国 2018 年颁布的《数据保护法》（Data Protection Act）明确规定，任何故意或过失泄露个人数据的行为，均有可能遭受刑事起诉，甚至面临监禁的处罚。

除了上述常见的处罚方式外，还有一些国家采取其他形式的处罚措施。例如，日本在《个人信息保护法》中规定当企业或个人违反相关规定导致个人信息泄露或滥用时，监管机构可能会要求其公开道歉以恢复公众信任，新加坡的《个人数据保护法》也包含了公开谴责这一处罚形式。

---

① 蔡宏伟、龚赛红：《HIPAA 法案健康信息隐私保护借鉴研究》，《中国社会科学院研究生院学报》2017 年第 5 期，第 32 页。

四　健康数据跨境流动的国际经验及挑战

（一）欧盟健康数据跨境流动的法律规定——数据与主体的双重跨境

欧盟在跨境医疗服务方面构建了较为全面的法律框架，旨在为欧盟公民寻求跨境医疗时提供坚实的法律支持和服务保障，确保他们可以在整个欧洲范围内享受到高质量、标准化的医疗服务的同时，无须担忧个人健康信息的安全与隐私。这一框架由多个层次的法律规定交织而成，它们相互补充，共同构成了一个坚实的法律体系。

第一，《跨境医疗服务患者权利应用指令》① 是欧盟跨境医疗服务法律框架的基石。该指令明确规定了欧洲公民在欧盟内部跨境就医时所应享有的权利，其中最为核心的是患者能够享受到与本国相同的医疗服务报销待遇。这一规定的实施，不仅消除了患者在不同成员国之间就医时的经济顾虑，也促进了医疗资源的均衡利用。同时，该指令还强调了跨境医疗服务的信息透明度，医疗机构必须向患者提供清晰、准确的服务信息，包括服务内容、价格、质量等，以便患者做出适当的选择。此外，为了保障患者的权益，该指令还要求成员国设立有效的投诉和申诉机制，及时处理患者的投诉和纠纷。

第二，欧盟通过第 883/2004 号条例［Regulation（EC）No 883/2004 on the Coordination of Social Security Systems］（以下简称条例）及其配套实施细则［Regulation（EC）No 987/2009］，对社会保障系统进行了协调，这些条例详细规定了不同类型的跨境医疗服务情形下的社会保障待遇问题。例如，对于非计划医疗服务如紧急救治和意外伤害等，条例规定了患者可以在就医国直接享受社会保障待遇，无须事先办理烦琐的手续。对于计划医疗服务，如预约手术和慢性病治疗等，条例则要求患者事先向本国社会保障机构申请跨境医疗服务授权，以确保在就医国能够顺利享受社会保障待遇。这些规定不仅简化了跨境就医的流程，也提高了社会保障系统的运行效率。

第三，为了进一步满足跨境就医的特殊需求，欧盟鼓励成员国之间

---

① 欧洲议会和欧盟理事会 2011 年 3 月 9 日关于患者跨境医疗保健权利应用的第 2011/24/EU 号指令。

签订平行跨境服务协议（parallel Cross-border Care Agreements）①。这些协议以双边或多边形式存在，根据不同成员国的实际情况和特定需求，为欧洲公民提供更加灵活、个性化的跨境医疗服务选择。例如，一些协议可能针对特定疾病或医疗技术进行合作，共同开展临床试验或研究项目；另一些协议则可能关注于医疗服务的质量提升和患者体验的优化等方面。这些协议的签订和实施，不仅加强了成员国之间的合作与交流，也推动了跨境医疗服务向更高水平、更宽领域的发展。

总体而言，欧盟跨境医疗的法律框架通过三个层次的法律规定，全面保障了欧洲公民在跨境就医过程中的权益和数据安全。这一框架的实施不仅提高了跨境医疗服务的便捷性和高效性，也促进了医疗资源的均衡利用和成员国之间的合作与交流。

（二）国际健康数据跨境流通面临的挑战

在国际背景下，个人健康信息的医疗数据跨境流动面临着诸多挑战。尽管医疗数据的自由流通对于推动全球科学研究和医疗产业发展具有重要意义，但各国和地区出于对国家安全和个人隐私的担忧，纷纷加强了对个人健康信息的本地化管控。2004 年，国际标准化组织（ISO）发布了一份关于个人健康信息跨境流动的数据保护指南②，强调了在未经数据主体明确同意或未涉及其重大利益的情况下，个人健康信息不应被跨境传输，这一指导原则反映了国际社会对于个人健康信息的数据跨境流动持有审慎的态度。以澳大利亚为例，该国通过《个人控制电子健康记录法》（PCEHR Act 2012）对个人健康信息的数据跨境传输施加了严格限制。该法案明确规定，原则上禁止将涵盖个人健康状况、残疾信息、未来医疗服务意向等敏感信息的健康数据传送至境外③。但同时，法案也为某些特定情况下的数据跨境流动留下了许多空间，如当所涉及的信息不包含可识别个人身份的数据或未纳入健康记录系统中的个人时，这些数据便可进行跨境处理和加工。

这种数据跨境流动的困境反映了不同利益之间的平衡难题。一方面，

---

① 参见欧洲审计院 2019 年的特别报告《欧盟跨境医疗保健行动》。

② 即《健康信息学推动个人健康信息跨国流动的数据保护指南》。

③ 参见澳大利亚 2012 年的政府文件《个人控制的电子健康记录》。

宽松的数据跨境流动规则有助于促进全球医疗产业发展和科学研究合作；另一方面，严格的规则则有助于保护个人隐私和国家安全，但可能阻碍产业发展和国际合作。此外，随着数字化技术的不断发展和应用，个人健康信息的医疗数据跨境流动问题将变得更加复杂和敏感。未来，国际社会需要进一步加强合作与交流，共同探索建立更加完善的数据跨境流动标准和监管机制，以确保个人健康信息的安全与隐私得到充分保护，同时促进全球医疗产业和科学研究的发展。

第五章

个人健康信息保护的对策和建议

第一节 完善个人健康信息保护的法律与政策框架

《国家健康医疗大数据标准、安全和服务管理办法（试行）》（以下简称《试行办法》）的印发，要求积极引导促进大数据应用中个人健康信息的安全规范应用，而有效实现安全应用的前提就是全面完善个人健康信息保护的法律与政策框架，并将其中的制度规范化、细节化。具体内容分析如下。

一 健全个人健康信息的保护框架

平衡个人健康信息保护与其在大数据中的应用，完善相关的法律法规刻不容缓，而分类机制、监管体系与救济渠道贯穿了大数据应用中个人健康信息保护的全过程。

（一）事前保护：大数据应用中个人健康信息的分类机制

对个人健康信息进行分类有助于提高在大数据对健康信息的识别和利用效率，进而在一定程度上降低疾病感染和医疗成本等。个人健康信息常用的收集系统为移动健康数据收集系统（Medical History Database and Correlation System，以下简称"MHDCS"），相关领域的专家学者针对是否应当对数据进行分类做了调研（见图5-1），78%的受访者认为有必要在MHDCS中对数据进行分类，但也有28%的受访者表示不同意且认为所有数据都应当视为敏感数据进行特殊保护。

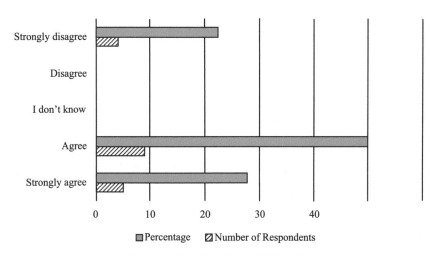

图 5 - 1　关于个人信息分类的需求

资料来源：Marriette Katarahweire, "Engineer Bainomugisha; Khalid A. Mughal. Data Classification for Secure Mobile Health Data Collection Systems", *Development Engineering*, 2020.

广东省计算机信息网络安全协会（CINSA）颁布的健康医疗数据流通合规标准中对个人健康信息进行了分类（如表 5 - 1 所示）。[①] 但其分级中的范围仍然比较模糊。

表 5 - 1　　　　　　　　　　健康医疗数据分级

数据级别	范　　围
第一级	可完全公开使用的数据。例如，医院名称、地址、电话等，可直接在互联网上面向公众公开
第二级	可在较大范围内供访问使用的数据。例如，不能标识个人身份的数据，各科室医生经过申请审批可以用于研究分析
第三级	可在中等范围内供访问使用的数据。例如，经过部分去识别化处理，但仍可能重标识的数据，仅限于获得授权的项目组范围内使用

①《健康医疗数据合规流通标准（T/GDNS 002 - 2023）附录 B》，载广东省计算机信息网络安全协会（CINSA）官方网站，http：//www. cinsa. org. cn/2023/0901/c33219a517345/page. htm，2024 年 1 月 19 日访问。

续表

数据级别	范　　围
第四级	在较小范围内供访问使用的数据。例如，可以直接标识个人身份的数据，仅限于相关医护人员访问使用
第五级	仅在极小范围内且在严格限制条件下供访问使用的数据。例如，特殊病种（如艾滋病、性病）的详细资料。仅限于主治医护人员访问且需要进行严格管控

　　MHDCS 中收集的健康信息是多种多样的，这就需要一个分类机制来对个人健康信息进行保护，以实现健康信息保密、完整和可用的基本目标。众所周知的敏感度级别包括公开、内部、机密（高度机密）、限制、监管和绝密[①]，它们被应用在军事、教育、商业和健康等多个领域。然而，完善个人健康信息在数据应用中的分类机制上的挑战在于确定健康信息的敏感度级别和所属类别。一般来说，健康信息数据可以根据其用途、创建方式和目的、信息所有者、信息价值、数据被盗或泄露给未经授权者相关的风险、信息位置和访问时间进行分类[②]（如表 5－2 所示）。

表 5－2　　　　　　　　　　MHDCS 中的数据分类[③]

Data Category	Example Data
User Credentials	username, password
Participant Characteristics	names, identification numbers, telephone number, physical address, birth dates, gender, tribe
Medical Data	Diagnosis, Prescription, Drugs/Medication, Laboratory Tests, Procedures, Findings, Anatomy, Symptoms

①　Health Level Seven Lnternational, Security Levels, http：//www. hl7. org/fhir/documentation. html, 2017.

②　R. Shaikh, M. Sasi kumar, "Data Classification for Achieving Security in Cloud Computing", *Procedia Computer Science*, 2015.

③　Marriette Katarah weire, Engineer Bainomugisha, Khalid A. Mughal, "Data Classification for Secure Mobile Health Data Collection Systems", *Development Engineering*, 2020.

续表

Data Category	Example Data
Project/Internal Data	data collector details, coverage and location, mobile devices allowed, consent forms, project goals, actual data related to the survey, participant selection criteria
Meta Data	user and device identity such as telephone number, SIM card, time, GPS coordinates

国际上通用的信息安全管理标准是 ISO 27001，该标准包含指导如何管理信息安全和相关安全风险的控制措施。ISO 27001 特别强调了相关的数据分类，根据个人健康信息的价值、法律要求、敏感性和组织的关键性对数据进行具体分类提供了指导，但 ISO 27001 并未规定个人健康信息分类的级别。那么在上述标准的基础上，可根据保密性对数据进行分类。保密性指保护信息不被未经授权的人访问，因此个人健康信息等敏感数据不应披露给未经授权的人。根据 HIPAA，医疗系统中的数据尤其是个人健康信息等可被识别的数据需要额外的保护[1]，HIPAA 将上述信息称为受保护的个人健康信息，而这类信息又分为人口统计数据和医疗数据。此外，还可借鉴 HIPAA 中将个人的可识别数据设置十八种需要保护的标识符，包括个人姓名、电话号码、电子邮件地址、日期（出生日期或死亡日期）、出院日期、社会保险账号、住址、指纹和声纹、个人图像以及所有能识别个人的标识号（如驾照号或车辆登记号）。HIPAA 隐私规则还将个人身体和精神状况、与提供医疗保健和支付医疗保健费用有关的数据归类为受保护的个人健康信息，比如个人的免疫缺陷病毒（HIV）状态、用药情况和遗传疾病。

对医疗数据进行分类在大数据应用中的保护个人健康信息中具有承上启下的重要作用。前述所提到的公开数据可以是免费的信息，每位民众都可以看到、下载，此类数据的泄露对社会及公众造成的伤害微乎其微。而在大数据应用中，个人健康数据对广泛的受众是更有价值的，这

---

[1]　U. S. Department of Health and Human Services, Health Information Privacy, https://www.hhs.gov/hipaa/index.html, 2009.

些数据可能包括关于医疗项目的信息、疾病预防和控制、免疫时间表和日期等。在这里可参照 MHDCS 系统中的数据分类标准对个人健康信息依据不同变量进行分类，比如个人的基因信息具有独一无二的特质，一个人基因信息的泄露可能会对其造成毁灭性的打击。个人健康的关键数据根据隐私程度进行分类，如个人的精神疾病、遗传病、艾滋病毒情况、处方药服用情况等列为机密数据不公开且进行加密保护。个人参与临床试验等医疗项目所产生的专有信息也应当纳入机密信息范畴。

（二）事中保护：大数据应用中个人健康信息的监管体系

随着我国对于医疗信息化建设投入的不断增加，个人健康信息的医疗卫生服务整体水平也有了极大提高，在大数据蓬勃发展的背景下，更需要逐步完善个人健康信息的监管体系。

第一，个人健康信息监管体系的设计层面。个人健康信息监管体系的构建可以分为以下几个层面：首先是基础层面，也可以称为设计层面。在该基础层面中，软件工程师和计算机程序员可以根据涉及隐私等法律法规和道德标准指定精确的算法指令来处理个人数据。其次是准备层面，数据操作员（人工操作以及自动算法程序）可以通过已有立法对大数据应用与个人健康信息的对称性、必要性和道德行为进行法律检验并将其嵌入到基础层面中。最后是完善层面，国际条约、各国国内法可根据前述个人健康信息的数据完整性和安全性缺陷来制定更翔实的监管体系。如图 5-2 所示，个人健康信息在大数据应用中可以概念化为一个五层的倒三角形。

通过图中的第 1 层可以看到，在大数据蓬勃发展的时代，每个人都会以某些方式如到医院挂号等方式生成具备唯一标识的个人健康信息，这些信息由智能手机、互联网搜索、购买医疗或者健身设备、医疗保健提供者（如药店、医疗保健诊所、卫生院、私立或公立医院）以及通过电子健康记录收集和处理。第 2 层包括以识别形式收集、存储并分配给第三方（比如医疗机构、医疗保险机构、商业分析或营销分析公司，以及可能与医疗健康无关的公共机构如执法和国家安全机构等）的临床数据和其他相关的个人与健康信息相关的数据。第 3 层与第 2 层紧密联系，主要涉及数据中介机构。其在数据主体不知情的情况下，被称为数据经纪人的私营公司，其从第 1 层和第 2 层以及其他公共或私人来源收集原始

5: International treaties and agreements governing privacy for personal health-related data

4: National governments, and international public and private entitles, that use, re-sell, re-distribute and re-process our personal health-related data for various purposes (marketing products, detedting fraud, research, government policy planning and decisions, and surveillance)

3: Mainly private companies, called data-brokers or data-aggregators, unbeknown to data subjects, collect raw data from the two lower layers of the inverted triangle, as well as from other public and private sources that contain personal, often health-related, information about us. The processed results are then sold or distributed either in an identifiable or de-identifiable form

2: Clinical and other health-related data in identified form that is collected, stored and distributed to third partied (medical facilities, public agencies which may not be health-related such as law enforcement or national security bodies)

1: Smartphones, Internet of Things sensors, internet searches, purchases, medical and fitness devices, healthcare services, electronic health records

People attending medical appointments, completing insurance questionnaires, posting health-related information to web-sited, purchasing health-related items, wearing medical and fitness devices, using diet and exercise smartphone apps, and otherwise generating health-related data

图 5-2 个人健康信息的数据化层：多维分层范式①

---

① Mendelson, D., "Legal Protections for Personal Health Information in the Age of Big Data—a Proposal for Regulatory Framework", Ethics, *Medicine and Public Health*, 2017.

个人健康数据进行分析。正如田纳西蓝十字蓝盾健康保健基金和 Fuzzy Logix 的案例,对独立的数据库进行整合后可能会在这些新的数据集中发现意想不到的推论,从而产生之前未知的关于健康信息主体的其他医疗资讯,[①] 经过上述处理的个人健康信息会以去识别化的形式被出售或者分发。第 4 层主要是各国政府以及国际公共和私营企业实体,其出于各种目的(如营销产品、侦查案件、学术研究、政府政策规划和决策)使用、再销售、再分配或再处理个人健康信息。而第 5 层则对上述 4 层对个人健康数据在大数据应用过程进行国际条约或者协议的监督。

上述分层直观地阐述了个人健康信息在大数据应用中的风险呈立方式扩散,可以想象,在一个不受监管的世界里,第三方可在我们不知情甚至来不及同意的情况下收集、存储和传播关于个人的已识别或可识别的个人健康信息。而个人作为健康信息的数据主体仅仅被当作满足其利益的一种物品(有关个人身份商品化的伦理问题本书不作讨论),大数据的应用(如疾病预测分析、患者数据自动报告)促进了个人健康管理、医疗保健服务、个人健康监测和各健康相关研究的长足进步。国家和国际层面关于个人健康信息的综合法律体系可为隐私数据提供一定程度的保护,但仍需完善。

第二,个人健康信息监管体系中被监管的数据范围。监管机构监管的医疗数据主要包括系统的内部和外部数据,内部数据包括电子病历、检验报告和图表、图像等,外部数据主要指由相关医疗卫生企业或者部门生成的政府数据。美国选择了针对与大数据和互联网相关的特定部门的监管,重点关注大数据在个人健康信息应用的开发和使用过程中可能会发生的隐私泄露问题。其监管机构包括了国会和参议院,与技术企业和行业代表、美国国家科学院(NAS)、工程院和医学院以及学术界协商产生监管的规则和标准,还就影响个人隐私的立法和监管建议开展研究并发布报告。英国的《2016 年调查权利法》在大数据应用中加入了法定的系统控制措施,要求国家安全和执法机构在使用权限截获通信以及访问、收集和管理大量健康数据之前,必须对上述数据进行相称性和必要

---

① Bruce E. , Sollins K. , Vernon M. , "Big Data Privacy Scenarios", *Massachusetts Institute of Technology Computer Science and Articial Intelligence Laboratory Technical Report*, 2015.

性测试。此类控制措施旨在为个人健康信息提供隐私保障。欧盟 GDPR 第 54 条陈述部分对知情同意要求也存在例外规定，出于公共卫生领域的利益原因，对特殊类别的个人数据无须数据主体同意即可处理，以上特殊类别的定义包括与健康有关的所有数据，即健康状况（包括疾病与残疾、对健康状况有影响的决定因素）、医疗保健需求、分配给医疗保健的资源、医疗保险的提供和普及、医疗保健支出和资金以及死亡原因，如果属于上述情况则不受国家的数据隐私监管范围。

在大数据算法日益强大，医疗应用程序和服务全球化的背景下，针对个人健康数据的监管从理论上来说，国家层面或者超国家层面的立法似乎最为有效。因为，此类法律具有稳定性、确定性和平等性，这对各国国内以及跨国界经营的医疗、保险等企业大有好处。有学者提出有效的监督不能脱离对患者基本信息的掌握，如房地产、存款、车辆、股票、各类保险等，建议建立大型数据监控平台来挖掘数据之间的关联以避免各部门海量数据"信息岛"的重复建造，这样既能够实现个人健康信息等数据的共享，更有利于联合监督力量的形成[1]。另外，还有一个值得思考的问题是，是要以宽泛灵活的方式在《民法典》《个人信息保护法》《网络安全法》等成文法中进行相关规定，还是要事无巨细地列举对大数据应用个人健康信息的监管事项？根据我国的立法传统，法律法规及规范性文件比较倾向于例外条款，此类条款具有一定的解释余地，但也仍然包含详细的标准或准则。我国已经进入大数据应用时代，中国移动互联网用户世界排名第一，具备丰富的数据资源和应用市场优势，而我国应进一步将大数据在个人健康信息上的应用纳入国家日常监管工作，完善系统、全面地保障个人健康信息泄露的监管体系。

（三）事后保护：大数据应用中个人健康信息的救济渠道

众所周知，医疗业一直都是黑客攻击的热门选项，究其原因主要是病历里所记载的姓名、身份、财务等详细信息容易被货币化，因此，大数据应用中个人健康信息的救济渠道显得格外重要。在中国，如图 5－3 所示，大约有 14 个未受保护的医学影像归档和通信系统（PACS）泄露了

---

[1]　Yiwen Huang, "On the Application of Big Data in National Supervision Work", *Journal of Physics：Conference Series*, 2021.

近28万条数据记录，这28万人患者的文件加密数据记录大多包括如姓名、出生日期、出入院记录、检查日期、主治医师、成像图等个人信息和医疗细节，上述泄露的数据价值据估计为60多亿元人民币，泄露的数据可能会被数据盗窃者用于发布个人身份信息和照片来损害其声誉（如AI换脸等）、将健康信息与暗网其他类似数据串联起来进行网络钓鱼或诈骗、阅读并自动处理数据来搜索有价值的身份信息比如社会保障号码来盗用身份谋利等各种目的。

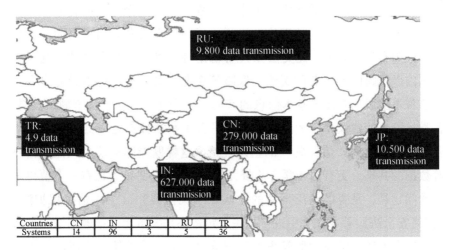

图5-3 2019年全球医疗数据遭泄露规模①

1994年版《倚天屠龙记》中的"芷若姐姐"周海媚在2023年年底去世后，其电子病历截图被流出，泄露出了已故艺人周海媚的个人资料、就诊时间与记录等相关消息②。上述泄露患者个人健康信息的行为涉嫌侵权责任的人员包括医务人员、医院管理人员以及其他可能接触到患者病历信息的人员，其未经授权公开并曝光是对已故人员及其家人的不尊重。而泄露人员可能需要承担赔礼道歉、停止侵害、赔偿损失等民事侵权责任，如果泄露行为涉及违法犯罪，泄露人员也将面临刑事责任。另外，

---

① 《全球医疗数据或遭大规模泄露，中国涉及近28万条患者记录》，载厦门天锐科技网站，http：//www.tipray.com/new_cont.php？id=888&lm=23，2024年1月6日访问。

② 《周海媚生前病历遭泄露 代表再提公众医疗隐私安全》，载中国财经官方网站，http：//finance.china.com.cn/industry/medicine/20240122/6074792.shtml，2024年1月6日访问。

根据我国现行法律规定，病人死亡后其隐私权仍受法律保护，如果有泄露病人死亡后的个人健康信息等隐私同样构成侵权行为并承担相应的法律责任①。以点带面，此类事件层出不穷，也引发了公众对医疗行业中个人健康信息保密的关注。医院作为专业医疗机构，制定并完善医疗数据隐私保护法规，规范医疗机构的数据管理行为，明确违规行为的法律责任，应该严格遵守医疗保密原则，确保患者的个人信息不被泄露。

我国对于平衡大数据应用与个人健康信息的保护越来越重视，但目前并无个人健康信息保护的针对性规定，《民法典》也仅仅对个人信息的保护做出原则性规定②。在医疗数据流动领域，我国香港特别行政区主要以《个人隐私条例》《跨境资料转移条例》为规范依据，我国澳门特别行政区则对医疗数据跨境流动的一般与例外情形在《个人资料保护法》中有所体现。显而易见的是，我国港澳台三地与内地各省市存在独立的、具有本土性质的个人健康信息保护规范，三地法律的适用范围、适用主体以及对个人健康信息的界定等均有异同，故需完善我国个人健康信息保护规则衔接的规范依据。

二　完善个人健康信息保护中的检察公益诉讼制度

如前文所述，随着大数据在全球的不断发展，利用该技术侵害个人健康信息的事件层出不穷，且给信息主体甚至其家属带来了人身、财产以及精神上的损害。我国《个人信息保护法》明确将个人信息保护纳入检察公益诉讼的法定范畴③，检察机关肩负着维护国家和社会公共利益的

①　《中华人民共和国民法典》第一千二百二十六条，医疗机构及其医务人员应当对患者的隐私和个人信息保密。泄露患者的隐私和个人信息，或者未经患者同意公开其病历资料的，应当承担侵权责任。

②　《中华人民共和国民法典》第一百一十一条，任何组织或者个人需要获取他人个人信息的，应当依法取得并确保信息安全，不得非法收集、使用、加工、传输他人个人信息，不得非法买卖、提供或者公开他人个人信息；第一百二十条，因抢救生命垂危的患者等紧急情况，不能取得患者或者其近亲属意见的，经医疗机构负责人或者授权的负责人批准，可以立即实施相应的医疗措施。

③　《中华人民共和国个人信息保护法》第七十条，个人信息处理者违反本法规定处理个人信息，侵害众多个人的权益的，人民检察院、法律规定的消费者组织和由国家网信部门确定的组织可以依法向人民法院提起诉讼。

重担，积极探索个人健康信息的相关保护路径。

（一）公益诉讼介入个人健康信息保护的具体路径

1. 行政公益诉讼的介入路径

在最高人民检察院办理的一起典型案件中，某县财政局披露了关于残疾人的个人津贴信息，其中涉及了12000多份身份证号、银行卡号、残疾状况等个人敏感数据。对此，当地人民检察院启动了行政公益诉讼初审程序，并向财政局、残联等部门提出了相关处理个人健康信息等的建议，督促其纠正相关违法行为。最后，财政局解除了对相关个人敏感数据的识别链接。[①] 在此类案件中，较少公民会主动提起民事公益诉讼维护自身信息权益，诉讼成本、政民双方地位的不平等等多重因素都会影响受害者对自己健康信息的保护。另外，也不乏"搭便车效应"的影响，即个人假定他人会采取行动维护共同利益而自己不作为。同时，根据"不告不理"原则，我国法院在诉讼中处于被动地位，而行政公益诉讼则有利于检察院、公民及相关社会组织帮助健康信息在大数据应用中受影响的个人维权。

根据《最高法、最高检关于检察公益诉讼案件适用法律若干问题的解释》，检察机关介入互联网个人信息保护并提起公益诉讼的具体程序是指检察机关在调查、核实案件事实之后，向有关监管行政机关制作并发送诉前检察建议，进而提起行政公益诉讼。[②] 行政公益诉讼介入个人健康信息保护领域具有间接性、灵活性、全局性等特点，即通过检察机关对行政机关的督促，其在管理公众个人健康信息时也依法对各数据中介商、医疗机构以及其他有权利获取公众健康信息的企业或机关等履行监督职责，继而不断完善其立法执法方式。另外，检察机关也可以通过圆桌会议、磋商、函告等多种方式对相关机构和企业进行监督，充分发挥其主观性和能动性。然而，当选择行政公益诉讼路径来介入个人健康信息的

---

① Fei Yang, Kaili Zheng, "Protecting People with Disabilities' Data Privacy in Government Information Disclosure: Facilitation by Procurator-led Public-interest Litigation", *Disability & Society*, 2023.

② 《最高人民法院、最高人民检察院关于检察公益诉讼案件适用法律若干问题的解释》第二十一条，人民检察院在履行职责中发现生态环境和资源保护、食品药品安全、国有财产保护、国有土地使用权出让等领域负有监督管理职责的行政机关违法行使职权或者不作为，致使国家利益或者社会公共利益受到侵害的，应当向行政机关提出检察建议，督促其依法履行职责。

保护监督时会面临以下问题：

第一，我国《行政诉讼法》严格限制了检察机关可以提起行政公益诉讼的情形，其中不包括个人信息保护。[①] 也就是，法律没有明确授权检察院对违法处理个人健康数据的行政机关等提起行政公益诉讼，过度依赖自上而下的政治支持可能会阻碍检察机关主导的公益诉讼的稳定发展。有学者呼吁修订相关法律来明确授权检察机关提起有关个人健康信息等的民事和行政公益诉讼。此外，检察机关提起行政公益诉讼案件的立案标准、起诉要求、上诉要求等实体程序等也缺乏明确规定，需要通过完善相应的程序法加以解决。

第二，需妥善处理检察机关与行政机关等部门之间的关系。对于上述案例中行政机关违法违规处理个人健康信息的行为，大多数是在检察机关履行监督职责时发现的。根据我国《网络空间法》，国家网络空间管理部门负责协调个人健康数据保护工作的协调和监督。因此，也应建立和完善网络空间管理部门与检察机关之间的协作机制，以便及时发现可能存在的健康信息泄露风险或违法行为，并提起由检察机关主导的个人数据保护公益诉讼，充分保护个人健康信息。另外，由于现行大数据应用的技术更新迭代速度极快，检察机关在对医疗行业企业进行健康数据流动监督时需借助相关行政机关的力量[②]。因此，检察机关应与党委、人大等机关建立相应协作机制，获得支持进而打通自身监督工作的渠道。针对检察机关提起行政公益诉讼在实际运用中存在的突出问题也能够进一步改革，提高权益维护效率。

第三，需明确检察机关在进行行政公益诉讼时，对医疗健康行业协会等行业主体是否享有监督权。目前我国法律并未对该问题进行明确规定，检察机关可利用社会治理类相关的检察建议向行业自律协会提出如何有效在大数据应用中保护个人健康信息的意见和建议，促使其及时修正或者完善相关行业准则，共同提升个人健康信息的治理和管理水平。

---

① 《中华人民共和国行政诉讼法》第二十五条，行政行为的相对人以及其他与行政行为有利害关系的公民、法人或者其他组织，有权提起诉讼。

② 刘家璞、王子健：《检察公益诉讼介入互联网个人信息保护的路径和措施》，《中国检察官》2021 年第 9 期，第 55 页。

2. 民事公益诉讼介入路径

虽然个人信息保护的民事公益诉讼可由利害关系人自行提出，但实践中基于前述所提的利益维护成本较高等原因，大部分信息主体选择放弃对自身权益的救济。最高人民检察院出台《关于积极稳妥拓展公益诉讼案件范围的指导意见》已明确将个人信息保护纳入公益诉讼检察工作新领域，① 故个人健康信息的保护仍较依赖于行政公益诉讼。

（二）公益诉讼中惩罚性赔偿制度的完善

1. 适用惩罚性赔偿的具体条件

现实案例表明，目前在个人信息保护的行政公益诉讼中，诉讼请求主要有赔礼道歉和赔偿损失。为增加侵害个人健康信息的违法成本，应当重视惩罚性赔偿的内容。根据我国相关法律规定，适用惩罚性赔偿应当具备以下四个要件。

首先，在主观要件上，信息侵害人主观上具有故意，或者明显地不考虑个人健康信息权益，具备严重数据行为和重大过失行为，可对行为人苛责惩罚性赔偿。其次，在客观要件上，应存在不法行为人以作为或者不作为的方式实施了损害受害人合法权益的行为。如个人健康信息侵害者如数据收集机构等非法出售所收集的医疗数据，使得个人健康信息泄露，损害他人的隐私权利。客观要件上，不法行为所实施的客观违法行为造成了受害人的损失，这里的损失既包括直接的财产损失，也包括可期待利益的损失和非物质损害的损失（这里主要指精神损害）。最后，在因果关系上，个人健康信息的泄露与行为人的侵权行为之间具备因果关系，也就是说个人隐私权益的受损是由于行为人出售个人信息等行为造成的，而不是由其他的原因造成的。

2. 适用惩罚性赔偿金额的确定

在大多数有关个人健康信息的案件中，检察机关和司法机关一般都是按照侵权主体的获利情况来确定赔偿金额。在互联网中侵害个人健康

---

① 《关于积极稳妥拓展公益诉讼案件范围的指导意见》第七条，最高人民检察院根据年度公益诉讼检察工作要点，顺应公益保护形势发展需要，适时分批分类发布新领域指导性案例和典型案例。2020 年重点发布安全生产、文物和文化遗产保护、网络侵害（个人信息保护）等新领域典型案例。各省级检察院应当加强案例学习培训，指导辖区检察机关参照办理同类新领域案件。

信息的案件涉及的个人信息数量庞大，但是每条信息的价格却很低廉，这可能导致所确定的赔偿金额与对社会、对信息主体造成的现实危害和潜在危害之间不对等，达不到威慑违法犯罪人员的效果。如在李某某侵犯公民个人信息刑事附带民事公益诉讼案件中，被告非法获取93614条个人信息后，利用上述信息在网上注册账号、领取优惠券等获利100元，而检察机关在此案中提起的赔偿金额为100元①，这显然不合情理，难以威慑同类犯罪人员。在另一个李某某侵犯公民个人信息刑事附带民事公益诉讼案件中，被告李某某非法获取和倒卖公民个人健康数据等信息共获利11810元，检察机关则提出35430元惩罚性赔偿，获得审判法院的支持②。

在我国，《消费者权益保护法》明确规定了惩罚性赔偿制度③，但在公民个人信息侵权中能否适用惩罚性赔偿，法律并没有明确回应④。从上述检察机关提起的行政公益诉讼案件情况来看，在诉讼请求中提出惩罚性赔偿的案件占比少，其中法院最后支持诉请金额的判决也较少。建议针对个人健康信息的公益诉讼案件中，惩罚性赔偿金额的确定可参照《消费者权益保护法》或者《食品安全法》的相关规定，除了要求赔偿获利金额外，还可要求行为人承担所获利润十倍的惩罚性金额。

3. 适用惩罚性赔偿应遵循过罚相当的原则

对侵犯个人健康信息的主体适用惩罚性赔偿应当遵循过罚相当原则，即对侵权行为人所科加的处罚应当与其违法行为相一致⑤，也可称为"相称性原则"，在GDPR、HIPAA中都有所体现，旨在保障个人健康信息主

① 参见深圳市罗湖区人民法院刑事附带民事判决书（2020）粤0303刑初445号。

② 参见河北省无极县人民法院一审刑事判决书（2018）冀0130刑初134号。

③ 《中华人民共和国消费者权益保护法》第五十五条，经营者提供商品或者服务有欺诈行为的，应当按照消费者的要求增加赔偿其受到的损失，增加赔偿的金额为消费者购买商品的价款或者接受服务的费用的三倍；增加赔偿的金额不足五百元的，为五百元。法律另有规定的，依照其规定。

④ 《中华人民共和国民法典》第一百七十九条，承担民事责任的方式主要有：（一）停止侵害；（二）排除妨碍；（三）消除危险；（四）返还财产；（五）恢复原状；（六）修理、重作、更换；（七）继续履行；（八）赔偿损失；（九）支付违约金；（十）消除影响、恢复名誉；（十一）赔礼道歉。法律规定惩罚性赔偿的，依照其规定。

⑤ 《中华人民共和国行政处罚法》第五条，行政处罚遵循公正、公开的原则。设定和实施行政处罚必须以事实为依据，与违法行为的事实、性质、情节以及社会危害程度相当。

体在隐私受侵犯时能够获得充分的救济。过罚相当原则可追溯到 19 世纪普鲁士行政法保护个人宪法权利不受侵犯的规定当中，该原则的检验标准如下：首先，需要有惩罚的事由，该事由符合上述适用惩罚性赔偿的四个要件；其次，赔偿的金额与惩罚侵权人、维护社会稳定有合理的联系（合理性）；再次，该惩罚的力度是必要的（必要性）；最后，该赔偿金额可超过信息主体的损失，但应当不超过法定上限①。目前许多国家都采用了上述检验标准，不过美国在惩罚性赔偿上的相关判例倾向于支持"衡平法"②，即平衡各方权利而不是确定惩罚赔偿上的相称性。

三 优化个人健康信息相关行业的自律性规范

对大数据应用中个人健康信息相关行业自律问题进行研究，不仅有助于规范相关行业对敏感信息的处理，也有助于我国个人信息保护规则的完善。

（一）个人健康信息保护和行业发展相结合

个人健康信息在大数据应用中的体量增长极为惊人，其不再只是零散地存在于个人病历中，还会以各种形式进行数据的流转。我国原国家卫生和计划生育委员会于 2016 年 6 月 21 日发布的《国务院办公厅关于促进和规范健康医疗大数据应用发展的指导意见》，提出医疗数据行业的发展应当坚持以人为本、创新驱动，开放融合、共建共享等的基本原则③。在大数据时代，个人健康信息被赋予更加多元化的价值。在临床医疗上，

---

① Cohen-Eliya M., Porat I., *Proportionality and Constitu-tional Culture. New York*, Cambridge University Press, 2013.

② Grgoire C., Webber N., "Proportionality, Balancing, and the Cult of Constitutional Rights Scholarship", Can J. Law Jurisprud, 2010.

③ 《国务院办公厅关于促进和规范健康医疗大数据应用发展的指导意见》第一条，坚持以人为本、创新驱动。将健康医疗大数据应用发展纳入国家大数据战略布局，推进政产学研用联合协同创新，强化基础研究和核心技术攻关，突出健康医疗重点领域和关键环节，利用大数据拓展服务渠道，延伸和丰富服务内容，更好满足人民健康医疗需求。坚持规范有序、安全可控。建立健全健康医疗大数据开放、保护等法规制度，强化标准和安全体系建设，强化安全管理责任，妥善处理应用发展与保障安全的关系，增强安全技术支撑能力，有效保护个人隐私和信息安全。坚持开放融合、共建共享。鼓励政府和社会力量合作，坚持统筹规划、远近结合、示范引领，注重盘活、整合现有资源，推动形成各方支持、依法开放、便民利民、蓬勃发展的良好局面，充分释放数据红利，激发大众创业、万众创新活力。

大数据应用与个人健康信息的结合有助于提高医疗机构对患者的诊治效率且在一定程度上可有效调整相关诊治方案；对于科学研究来说，大数据应用与个人健康信息的结合对医药行业的药物研发等研究发挥着举足轻重的作用。如美国医疗分析公司 Crossix Solutions 有一个"健康和非健康数据专有网络"，覆盖超过 2.5 亿美国消费者（占美国人口的 76%）①，其中除了消费者的处方购买记录（Rx）之外，还包括其电子医疗记录（EMR）和前述所提的电子健康记录（EHR）、医生笔记、化验结果和其他临床数据。该公司会将从医生笔记、消费者血检结果和药物使用数据收集到的个人健康信息与个人接触的移动广告联系起来，使其了解消费者是否患病、在疾病发展的哪些阶段、哪些因素会触发不同患者群体的消费行为，进而有针对性地对用户进行大数据的推送。对于公共卫生领域来说，个人健康信息在大数据中的应用是突发公共卫生事件防控措施的风向标。而我国《个人信息保护法》也明确了个人信息保护与流动、合理利用三者之间处于并列关系，即对个人健康信息进行保护的同时也应当重视医疗行业对医疗信息化的需求，贯彻个人健康信息保护和行业自律发展相结合的原则。

（二）个人健康信息的法律规制与行业自律性规范相结合

行业自律（Industry self-discipline，以下简称"ISR"）泛指行业参与者（协会、组织）为了保护和发展共同的权益，通过自我管理和相互协作的方式来实现的一种自我约束机制。由于个人健康信息来源于卫生行政部门、医疗企业、用人单位以及保险公司等机构，目前上述机构不乏存在各自为政、信息各自维护的情况，这必然会造成公共资源的浪费以及产生较大信息差。医疗健康信息行业亟须实现共治，各方以平等地位参与健康信息共享并相互监督，建立法治化和契约化的健康信息管理模式。由于目前我国针对个人健康信息保护的法律规制有待完善，故对于大数据应用中平衡个人健康信息的保护可在一定程度上通过行业的自律性规范来实现。如美国的《经济与临床健康咨询科技法》以 HIPAA 为基础，主要用以调整和规范医疗机构之间的合作，同时要求医疗卫生行业

---

① "Improve Marketing Effectiveness with Veeva Crossix"，http：//crossix. com/about-crossix. as-px，2019.

应当有自己的行业自律规范，该规范对于个人健康信息在应用过程中施加一些禁令或者设定上限下限都是十分有效的手段。特别是在短期内，如果无法针对具体的情况对制定法进行完善，现有的法律解释也不能为面临风险的个人健康信息提供足够保护的时候，行业自律性规范则有助于为完善制定法起到过渡和缓冲的作用。并且与行业协会相比，行业自律组织受政府干预的程度是更高的，即当政府为相关大数据行业参与者制定应用个人健康信息的规则和目标、直接监督大数据行业的运营、将相关监督和执行的责任委托给它们时，政府会对其进行干预。

第二节　强化个人健康信息主体的知情权与选择权

在大数据时代，与健康相关的医学、社会科学研究蓬勃发展。然而，也同时存在个人不知情或未同意授权的情况下，被收集、管理和传播自己可识别的健康信息，并将上述信息进行无管制和粗暴的"数据化"现象。这些情形极大地损害了个人健康信息主体的隐私权，因此，强化大数据应用中信息主体的知情权与选择权刻不容缓。

一　明确个人健康信息主体知情同意的方式

合法合规地应用个人健康信息，首先应明确信息主体的知情同意方式，具体可通过增加个人健康信息隐私设置选项、建立个人健康信息的动态同意机制以及降低个人健康信息的知情同意成本来实现。

（一）增加个人健康信息隐私设置选项

根据欧盟 GDPR 的规定，处理个人健康数据时必须由个人明确表示同意并由数据处理者说明处理的目的。[①]　也就是说，健康数据处理者在处理个人健康信息时必须能够证明数据主体的同意，并且不得在撤销同意后处理个人健康数据（尽管撤销同意前基于其同意的数据处理仍然合法）。

个人健康信息隐私选项的设置应当遵循以下原则：第一，主动而非被动、预防而非补救。旨在预测和预防个人健康信息隐私泄露风险和违

---

① 2006 年欧盟《通用数据保护条例》。

规行为的发生。第二，对可识别个人身份的健康信息隐私进行匿名化作为默认设置（需要在相关 IT 系统和业务实践中建立默认的隐私保护）。第三，建议在个人健康信息的隐私设置的选项中嵌入自动屏蔽个人信息（姓名、出生年月等可识别个人身份的信息）。

（二）建立个人健康信息的动态同意机制

1. "一站式"撤回

在大数据应用中，信息主体对其个人健康信息应当享有"一站式"撤回的权利。在个人健康信息收集系统中的数据经纪商可以在其中表明自己的身份，描述其医疗信息的收集和使用渠道，并提供访问和选择退出上述查看页面的链接，让健康信息主体在任何时间和地点都能够全面及时地保护自身的敏感信息。同时，数据经纪商有义务向消费者明确披露（如在系统官网上）除了每个人的原始数据（如姓名、出生年月、地址等）外，其从个人数据中得出来的敏感信息例如个人的挂号科室偏好等与健康信息有关的推断时，应当向信息主体以及消费者提供上述信息的获取途径，当信息主体认为被披露的数据暴露了自身不愿被公众知悉的隐私时，有权选择一站式撤回自身健康信息的披露。

2. 关闭授权

信息主体有权利选择不共享自身的个人健康信息。数据经纪商有义务向信息主体和消费者提供明确通知，告知他们与数据经纪商共享信息个体的数据，并向信息个体提供有关使用其健康数据的选择。如图 5 - 4 所示，信息主体有权利在进入相关数据存储系统时选择授权的个人信息字段，而不是像现在大多数 App 或者网站上要求接受全部个人信息授权。上述的信息披露和访问以及对个人健康数据收集的明确同意要求，与 GD-PR 对个人数据收集者和处理者的要求类似。根据英国《2016 年权利调查法》，以个人信息隐私保护为重点的授权令制度（授权书和相关通知书）是核心。该制度管理国家数据安全机构和相关执法机构的批量权力，如截获通信、干扰电子设备、访问、收集、检查和管理具有大数据特征的批量个人数据。

图5-4 个人授权数据字段页面

为了获得个人健康信息的授权令或者授权通知书,请求主体如数据经纪商必须提供特定证据来证明收集数据是合法的。

(三) 降低个人健康信息知情同意的成本

1. 降低个人健康信息主体的阅读成本

从技术层面上来说,医疗数据处理者需使用其个人健康信息时,应严格按照《个人信息保护法》的相关要求对数据所有者进行告知。例如,可将相关的用户告知条款中涉及个人健康信息隐私的重点内容加粗或者以其他明显的方式呈现给用户,方便数据所有者快速知悉有关自身隐私的相关条款和关键信息,降低知情同意成本。

从数据所有者的认知层面上说,信息主体应当意识到数据处理者能在上述技术层面上对自身起到的标注功能有限,故作为自身健康信息权益最大的维护者,也需尽量克服自身阅读相关知情同意事项的成本。知情同意规则的有效实施仅仅依靠立法或者执法领域的努力是远远不够的,信息主体不断增强自身关于知情同意权利的意识并积极推动是有效保护个人健康信息权益的必经之路。

2. 降低个人健康信息主体的告知成本

爱尔兰的卫生服务执行机构规定在使用医疗信息等数据进行共享或者研究之前，应当将包含作出知情同意决定所需的文件提交给研究伦理委员会（REC）考虑是否能够使用上述医疗数据，另外也强调对于缺乏决策能力的成年人、流行病学研究、突发公共卫生事件、病历档案和涉及死者的健康信息等研究需制定阶梯式的知情同意机制。现有的网络安全与个人信息保护法律体系将个人信息分为敏感个人信息（如个人健康信息）以及一般个人信息两种。对于个人健康信息这类敏感的个人信息，数据处理者必须采取一对一征求授权的形式告知信息主体，且可在技术层面设置二次同意选项确认信息主体对于自身健康信息的处理是真实有效的。

二　修正个人健康信息主体的选择与退出机制

在大数据应用个人健康信息的背景下，修正"选择退出"机制有利于平衡个人健康信息隐私的保护和信息应用之间的冲突，但"选择退出"是否构成"默示同意"以及信息主体在该机制上的权利仍有待进一步探讨。

（一）在"宽泛同意"场景下解释"选择退出"

"宽泛同意"旨在对现有的同意规则进行扩大解释，能够有效地调和大数据应用与个人健康信息保护之间的矛盾，容纳日益多元化的信息处理，具体又可分为前述所提的动态同意、风险评估、"选择退出"规则等多种形式[1]。其中，"选择退出"机制是指，除非有明确的同意授权行为，其他主体不得对个人健康信息进行读取和使用。但是，许多国外的司法管辖区允许信息主体的直系亲属在未征得信息主体意愿的情况下授权数据处理机构使用信息主体的信息[2]，此规定非常不妥，在英国广为人知的Alder Hey 案就是医疗机构在未经家属授权的情况下被摘除了器官成为了

---

① 冯恺：《个人信息"选择退出"机制的检视和反思》，《环球法律评论》2020 年第 4 期，第 155 页。

② Den Hartogh, "The Role of the Relatives in Opt-in Systems of Postmortal Organprocurement", *Medicine Health Care and Philosophy*, 2015.

全球丑闻①。那么该如何解释"选择退出"? 学术界大部分学者都将其视为"默示同意"。但是,笔者认为两者不应画上等号,"选择退出"与"默示同意"相提并论是具有误导性的,虽然选择"知情同意"要求个体主动同意,但不能够确信个体对其同意的内容是知情的(如各类格式条款),相反,"选择退出"对于信息主体来说则有可能是充分知情的。以上述器官捐献的案件举例,在公众对器官捐献规则了解不多的情况下,"默示同意"往往被视为未充分知情的同意。但可以肯定的是,捐献器官的捐赠者对于自身的捐献行为是充分知情的,他们的"默示同意"此时是充分知情的同意。从概念上讲,信息主体的同意是主动(明示)同意还是默示(被动)同意,与其是否了解到自身健康信息被他人知悉没有关系。

(二)健康信息主体基于"选择退出"享有反对权

反对权是指数据处理者在对个人数据进行某些特定处理时,数据主体基于对自身隐私的保护可随时提出反对的权利。如前文所述,个人健康信息主体可将"选择退出"解释为不同意他人对个人信息进行读取和使用,在此基础上其也应当享有反对医疗机构或者相关数据经纪商访问并共享健康信息的权利。但是根据相关法律法规、规范性文件的规定,基于维护社会公共秩序等原因,个人的一些健康信息必须被收集,那么反对权的内容也应当有所调整。为保障信息主体反对权的行使,相关欧盟成员国家创建了 Robinson List(罗宾逊名单)以及针对个人的电话号码、传真号码和电子邮箱账号等各种名单,信息主体可根据此名单直接表达拒绝接受有关健康信息授权的意愿②。有研究机构随机采访了卫生健康组织、高校、非营利机构等对文化水平要求较高单位的工作人员,90%以上的受访者表示在面临个人信息授权的知情同意选项时,都会选择勾选"同意"选项(不论自身信息是否用于科学研究等符合公共利益的目的)。对信息主体基于"选择退出"的反对权的普及任重道远,信息

---

① Sterri, A., Regmi, S., Harris J., "Improving Organ Retrievalrates: Various Proposals and Their Ethical Validity", *Health Care Analysis*, 2022.

② Alastair Tempest, "Robinson Lists for Efficient Direct Marketing", *International Direct Marketing*, 2007.

主体应当对自身信息授权用途充分知情才能对信息的处理表示同意或反对。

第三节　引入个人健康信息出境风险的评估机制

如前文所述，全球化的蓬勃发展使得医疗数据跨境流动日益频繁，而医疗数据的跨境流动与国家主权安全、社会公共利益以及个人健康信息权益也密切相关。由于医疗数据跨境流动的风险不断上升，故在个人健康信息保护机制中引入信息出境风险评估机制，为医疗数据跨境流动保驾护航。

一　个人健康信息出境风险评估的关键问题

随着信息技术的进步，数据经纪商越来越多地能够收集、存储和使用个人健康数据等敏感信息，虽然各个国家都有保护个人信息的相关法律法规，但信息泄露事件仍然层出不穷。根据身份盗窃资源中心（Identity Theft Resource Center，ITRC）的统计，最近有接近数百万条个人数据记录的丢失[①]。在引入个人健康信息风险评估机制的同时也应当厘清信息出境风险评估的方式、规模等关键问题。

（一）个人健康信息的风险评估方案

为数据处理机构有序开展数据跨境流动安全评估提供法律依据和合规指引，我国 2022 年 8 月出台了《数据出境安全评估申报指南（第一版）》（以下简称《申报指南》）和《数据出境安全评估办法》（以下简称《评估办法》），《评估办法》提出了应当对个人健康信息等敏感数据实施自评估与国家评估相结合。首先，应当制定个人健康信息的风险评估方案。如图 5-5 所示，风险评估方案主要包括以下步骤：首先是确定所收集的个人健康数据和适用的法律法规。在评估数据经纪商等组织或机构所收集的个人健康信息数据的风险时，相关组织或者机构应确定个人健康数据的数量。例如，我国台湾地区的《个人数据保护法》禁止一个组

---

① Identity Theft Resource Center（ITRC）. Data Breaches. Accessed：2018．［Online］. Available：https：//www. idtheftcenter. org/data-breaches.

织在不满足特定法律要求的情况下收集和使用个人医疗保健数据、基因数据、性生活记录、身体健康检查数据和犯罪记录①。其次，相关组织和机构应确定其收集的个人健康数据的来源和跨境流动的目标。再次，为了评估所流动的个人健康数据的隐私泄露风险，相关机构和组织在进行数据收集时应当识别数据中是否有潜在风险。最后，对潜在风险识别结束后开始对收集的相关数据进行评估。

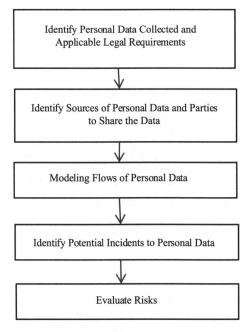

图5-5　个人健康信息风险评估的步骤②

（二）对个人健康信息的规模、种类、敏感程度的自评估

虽然有 HIPAA 等隐私规则对医疗行业的医疗数据流动风险进行管控，但相关隐私规则存在健康信息主体研读困难、规则解读周期长、规则适用领域偏向于临床实验等障碍，故数据经纪商可参照表5-3对自身业务

---

① Taiwan Ministry of Justice, Personal Information Protection Act, https：//law. moj. gov. tw/Eng/LawClass/LawAll. aspx？PCode = I0050021，2018.

② Shi-Cho Cha, "A Data-Driven Security Risk Assessment Scheme for Personal Data Protection", Digital Object Identifier，2018.

情况进行自评估，重点评估事项是相关信息是否涉及个人健康信息等敏感数据的出境。另外，对于个人健康信息的数据收集量、收集方式、收集用途等进行全面分析。虽然个人健康信息出境的风险是由各类因素的综合影响所造成，但理论上来说数据自身的规模、敏感程度与其跨境流动的风险是成正比的，高敏感度、体量大和种类复杂的个人健康信息在跨境流动时遭遇数据窃取和泄露的概率更高。因此，数据经纪商在对自身收集数据进行自评估后应当持续关注所收集数据的类型及敏感程度和体量。

表 5 - 3　　　　信息运营商自评估的适用情形与法定路径①

评估路径	适用主体/场景	法律法规依据	评估重点
数据出境风险自评估＋国家网信部门安全评估＋签订法律文件	关键信息基础设施的运营者	《网络安全法》《个人信息保护法》《数据出境安全评估办法》	a. 数据处理者及境外数据接收方法的数据安全保障能力评估 b. 拟出境数据的业务活动评估 c. 数据跨境传输法律文件评估
	数据处理者向境外提供重要数据	《数据出境安全评估办法》《网络数据安全管理条例（征求意见稿）》	
	处理个人信息达到100万份的	《数据出境安全评估办法》《网络数据安全管理条例（征求意见稿）》	
	自上一年度1月1日起累计向境外提供超过10万人以上个人信息或者1万人以上个人健康数据等敏感信息的	《数据出境安全评估办法》	

----

① 陈统：《数据出境风险自评估机制的理解与适用》，《企业经济》2023 年第 4 期，第146 页。

评估路径	适用主体/场景	法律法规依据	评估重点
个人信息保护影响评估（"PIA"）+通过签订标准合同	非关键信息基础设施运营者 + 处理个人信息不满 100 万人 + 自上一年度 1 月 1 日起累计向境外提供超过 10 万人以上个人信息或者 1 万人以上个人健康数据等敏感信息的	《个人信息保护法》《个人信息出境标准合同规定（征求意见稿）》GB/T 39335 - 2020《信息安全技术——个人信息安全影响评估指南》GB/T 35273《信息安全技术——个人信息安全规范》	a. 对于个人权益影响的评估。（包括网络环境和技术措施；个人信息处理流程；参与人员与第三方以及业务特点和规模及安全态势） b. 对于安全事件可能性的评估。（包括限制个人自主决定权；引发差别性待遇；个人的名誉受损；个人人身财产受损）
可以按照条约或协定的规定执行	中华人民共和国缔结或者参加的国际条约、协定对向中华人民共和国境外提供个人信息的条件等有规定的	《个人信息保护法》	未明确

二 个人健康信息出境风险评估的合规事项

数据经纪商、医疗机构等数据处理者在个人健康信息的数据出境风险评估中应当充分发挥自身主观能动性，以该风险评估机制为契机积极开展个人数据合规管理活动。

（一）在个人健康信息分类管理基础上建立行业数据目录

如前文所述，应完善个人健康信息的分类机制，在此基础上建立健康信息行业数据目录，有利于数据处理者在信息流动过程中及时管控和采取安全保障措施。

如图 5 - 6 所示，数据处理者所提供的健康信息数据目录非常重要。数据目录中包含了许多卫生健康领域的个人重要信息，包括健康信息的共享与交换、索赔清单等，当有准确的目录索引时，数据处理者能够准确及时地调动相关数据为政府、医疗机构等提供服务。不准确的数据目

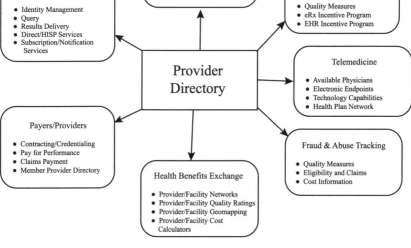

图 5 - 6　医疗行业中的个人健康数据目录流向①

录很大程度上会阻碍行业工作的顺利进行。研究发现，美国 12 个发达城市的近 5000 份皮肤科医生的个人信息名单中，半数以上的信息目录是重复的，并且只有四分之一的患者联系方式真实有效②。数据目录的构建与共享很大程度上减少了各地医护人员的重复性工作，但同时也会存在一个目录更新不及时的问题。该数据目录的创建及维护需要政府和卫生健康部门花费大量的资源来获取数据提供者数据目录的准确信息。然而，每个人的健康信息无时无刻不在变化，美国联邦和州法规要求数据经纪商提供其所收集的准确的个人健康信息数据目录，同时也有额外的限制③，因为该目录中包含了可能已经死亡、退休或者移民的个人信息记录

①　Matthew J. Cook，"Facilitating Accurate Health Provider Directories Using Natural Language Processing"，*Medical Informatics and Decision Making*，2019.

②　Resneck J. S. Jr，Quiggle A.，Liu M.，Brewster D. W.，"The accuracy of Dermatology Network Physician Directories Posted by Medicare Advantage Health Plansin an Era of Narrow Networks"，*JAMA Dermatol*，2014.

③　Tikoo M.，"Assessing the Limitations of the Existing Physician Directory Formeasuring Electronic Health Record（EHR）Adoption Rates Among Physiciansin Connecticut"，*Cross-sectional Study*，2012.

和数据,该弊端需要通过技术手段加以完善。

(二)借鉴欧盟"白名单"制度制作数据合作伙伴清单

有关个人数据流动的"白名单"制度最早出现于欧盟的 GDPR(原欧盟95/46/EC 指令),[①] 该制度只允许个人数据流向经欧盟通过认定的有能力保护个人数据安全的国家(地区),该认定因素包括但不限于本国家(地区)的法治水平以及监督管理机构运行水平等。上述国家(地区)中关于健康信息共享的合作机构清单可能包括对卫生研究感兴趣的个体或者组织:卫生保健提供者、患者和护理人员、卫生研究的出资方、卫生服务的出版商、卫生产品的制造商等。该合作清单的最终目标是为在健康数据流动的过程中保护个人健康信息的隐私。

在此我国政府可借鉴"白名单"制度的精华之处,制作相应的医疗数据合作伙伴"白名单",为今后的医疗数据共享或者跨境流动等工作的进行助力,同时也有利于保障个人健康信息的隐私,降低隐私泄露风险。数据合作伙伴清单的内容包括但不限于对相关数据合作伙伴的合作资质、对个人健康信息数据的安全保护能力进行评估且建档,同时根据开展数据共享联通活动过程中各合作伙伴的表现对相应级别进行调整,对于无相关个人信息隐私管控的机构可列入对应的"黑名单"。

(三)优化设计个人健康信息标准合同或标准化合同条款

欧盟 GDPR 和欧洲数据保护委员会(European Data Protection Board,简称"EDPB")规定了关于个人健康信息等数据的标准合同条款(Standard Contract Clauses, SCC),签订 SCC 长期以来被认为个人数据跨境流动的安全形式之一,是数据跨境流动的最实用工具[②]。其中包含了详细的数据流动影响评估、合同违约责任和数据流动的技术安全保障措施,即使在数据输入国家(地区)没有相关的法律保障情况下,也能够保障数据所有者的隐私权利。在各国法律制度不可能趋同的现状下,第三方认证和行业专门的标准合同降低了数据流动的合规成本,在该标准合同条款

---

① 截至2023 年7月10 日,欧盟官网公布的通过数据保护充分性认定(即数据跨境白名单)的国家或地区共计15 个:安道尔公国、阿根廷、加拿大(限于商业组织)、法兰群岛、根西岛、以色列、马恩岛、日本、泽西岛、新西兰、韩国、瑞士、英国、乌拉圭、美国。

② Laura Bradford, Mateo Aboy, "Standard Contractual Clauses for Cross-border Transfers of Health Data after Schrems II", *Journal of Law and the Biosciences*, 2024.

下也存在一定限制，SCCs 允许个人数据传输到欧盟以外的接受 EDPB 先前批准的标准格式条款的数据处理国家（地区）的相关机构。[①] 上述格式条款都要求数据进口商在处理数据时同意数据出口国的数据保护法律，将健康数据等数据主体列为标准合同的第三方受益人，并且同意在其中一个国家的法院对标准合同的违约行为进行管辖。

我国也有关于个人信息的标准合同，但与 SCCs 不同的是，我国的相关标准合同是国家互联网信息办公室关于《个人信息出境标准合同规定（征求意见稿）》中强制要求相关数据处理者进行风险自评估，要求在标准合同上充分约定数据接收方和数据处理者双方对于所流动数据的安全保护义务、争议解决方式以及违约责任承担等的细节。但是，该标准合同的规定也存在应进一步明确和细化的环节，如标准合同双方的违约责任条款等是否对其具备强制执行力、是否会出现长臂执法以及是否需要通过国际商事仲裁处理纠纷等情况都需要在实践中进一步观察。

（四）搭建符合行业特点的个人健康信息风险防控体系

当人们不知道自己是否拥有敏感数据，以及这些敏感数据分布在哪里时，就无法意识到健康信息等敏感数据的流动。想象一下，当我们拥有的敏感数据正在被发送给不适当的人，而整个流动过程都被隐藏起来，这是威胁信息安全的最大风险之一。《评估办法》明确了个人信息数据跨境流动安全评估的整个流程，其中包括烦琐但至关重要的数据合规工作。香港特别行政区医管局刊发的《医管局风险通报》（*HA Risk Alert*）用以公布近期的医疗风险便于医疗机构及时保护个人健康信息[②]。临床管理系统带来的流动性也增加了医疗数据泄露的风险，除了储存病历之外，香港医管局也采用了电子化系统来管理和监控个人健康信息，如规定获授权的医护人员才有权限查阅病人病历，某些高敏感度的医疗资料则使用身份识别等加密方式存储在医疗资料库中。医管局设有审核和追踪系统来对医护人员的数据使用进行抽样检查，以侦测一些可疑或者不当使用病人健康信息的情况，当接到有关医疗数据泄漏的投诉时能够准确地追

---

① 2006 年欧盟《通用数据保护条例》。

② 《认识香港共迎医疗体系的风险管理》，载风险荟讯网站，https：//rmbi.hkust.edu.hk/sites/default/files/docs/newsletter/RMBI-newsletter07.pdf，2024 年 2 月 2 日访问。

查相关记录并问责。此外，其电子病历系统会不断收集海量个人健康信息并储存到中央数据库，以此为平台供医疗人员共用病历，这有助于医管局从医院或诊所等地收集到最新的病历等健康信息进而减少医疗风险。

数据经纪商、医疗卫生企业等相关数据处理者需要根据自评估要求制定符合规定的个人健康信息数据安全管理架构和相应的合规规章制度。这些规章制度包括数据处理者根据自身需求确定数据收集范围、雇用第三方技术机构采取加密措施确保数据的安全流动，进行医疗数据流动的泄漏风险评估和自评估，完善医疗数据流动的合规手册，定期对相关工作人员开展健康信息等数据风险防控培训，以及进行数据合规审计和整改。此外，还应设立专门的数据流动安全职位，组建数据流动合规团队，并指定独立的"数据保护官"来履行数据企业合规监管职责。但上述数据处理系统自身可能会出现宕机、认为错误或者遭受黑客的攻击，为了保持系统的顺畅运行，应急计划和系统保护是非常重要的。故在建造相应数据共享系统时应当备有高级别防火墙或者其他保护措施以防止黑客攻击。数据处理者在推动自身数据流动风险防控体系建设的过程中，也应持续关注相关立法和执法动态，以确保信息风险防控体系具有时效性和灵活性。

三　个人健康信息出境风险评估的法律责任

《申报指南》和《评估办法》并没有对未尽数据出境风险自评估义务的相关数据处理者作出法律责任的规定，但根据我国《网络安全法》《个人信息保护法》等上位法可知，个人健康信息风险评估的主体怠于履行风险评估义务时可能面临相应的民事责任、行政责任和刑事责任。

（一）个人健康信息风险评估法律责任的主体

有权利收集、利用与处理个人数据的所有数据处理者都负有数据流动风险评估的责任。数据经纪人是数据处理机构中处理数据的最主要人员，其从人口普查、破产信息、投票登记、法院报告和媒体等文件中收集个人的信息（姓名、住址、电子邮件地址、房屋所有权状况、就业、收入、年龄)①，从私人网络来源如我们的家庭和商业交易、网页浏览活动和社交网站（微博、微信、小红书、Instagram 等）收集有关个人的种族、社会和商业相关活动、个人爱好、政治和宗教信仰等信息。而与个人健康有关的信息主要来自生产健康相关应用程序和设备的公司，数据经纪人利用自身的自动化算法系统对这些信息进行挖掘、链接、分析、推断和分类，从而获得个人健康信息等综合信息，再出售给其他企业和政府机构或者与之共享。② 医疗卫生行业各企业在不断提升自身医疗数据安全建设的同时，也可邀请外部第三方机构对本企业进行信息安全的技能型认证和评估（如公安部信息系统三级信息安全登记保护认证、ISO27000 信息安全管理体系认证），推动并完善企业等的医疗数据安全和信息保护工作。

值得讨论的是，医生是最了解所诊治病人健康信息的主体，那么医生是否应当成为个人健康信息风险评估的责任主体呢？这很大程度上取决于医患关系是否融洽、医生与患者对对方的评价是否客观。目前全球的医患关系都不可避免地存在问题，要想使医患关系达成一种信任与合作的关系，医护人员就必须忠于其病人而不是健康信息管理系统。而医疗机构如果充当个人健康信息风险评估会给医护人员带来巨大的冲突。在医院中，医护人员须站在患者立场尽其所能地改善患者的健康状况，如果他们必须对患者的个人健康信息风险进行评估，则需要与患者进行一些关于健康的负面信息的交流，同时可能会无形中加深患者对于个人健康信息泄露的恐慌等。笔者认为，医生的职责是救死扶伤且其不具备除医学知识外关于数据分级等专业知识，故医生不应当成为个人健康信息风险评估的责任主体。

（二）个人健康信息出境风险评估法律责任的范围

1. 民事责任

欧盟 GDPR 明确规定了数据处理者违反相关数据安全保护义务需承

---

①　Caspi A. , Houts R. M. , Belsky D. W. , Harrington H. et al. , *Childhood Forecasting of a Small Segment of the Population with Large Economic Burden*, Nature Human Behaviour, 2017.

②　Bonderud D. , "WoT Privacy Breach：Trust Tanks as Browser Add-On Caught Selling User Data", *Security Intelligence*, 2016.

担违约责任,而《评估办法》与《申报指南》都未明确违反医疗数据等安全保护义务的违约或者侵权责任,但这并不意味着数据处理者能够在进行风险评估与自评估时不受限制。我国《个人信息保护法》明确规定,信息处理者在对各类数据进行处理过程中侵害自然人等信息主体的个人信息权利时应当依法承担损害赔偿责任。[①] 也就是说,在大数据应用中数据处理者对于个人健康信息等流动数据怠于进行风险评估义务而导致数据泄露的,需要依法承担民事责任。但如果无数的个人信息集合在一起形成一定规模后,此时的数据泄露则不仅涉及个人利益,更关涉社会公共利益以及国家安全,那么有过错的个人信息处理者还应承担民事责任之外的公法责任。

2. 行政责任

医疗机构等数据处理者会因为在对个人信息流动的风险评估管理中违规而面临行政责任,可对违反了个人健康信息出境风险评估义务的责任主体进行行政处罚。我国《网络安全法》和《数据安全法》都规定了国家网信组织部门需要对已通过数据泄露风险自评估的个人健康信息等重要医疗数据再次进行数据出境风险与安全评估。如果未依法进行相关数据流动的评估程序,相关数据中介商或者机构将面临最高达 1000 万元的罚款,其中直接负责人将罚款最高达 100 万元,同时将面临警告、停业与吊销营业执照等行政处罚。此类惩罚性罚款足以威慑到为审慎履行风险评估业务的数据处理方。外国的相关规定更加严格,例如,英国信息专员办公室曾对英国航空公司进行了超过 2500 万美元的处罚,原因是该航空公司未能防止一次网络攻击,使黑客在其公司的预订网站上嵌入了恶意代码,窃取了相关消费者的各类数据[②]。但《行政处罚法》规定如果数据处理者有充足证据证明数据的泄露与自身无关且不存在主观过错的,无须予以行政处罚,如何认定"充足证据"需相关部门进一步完善数据流动的法律框架。

---

① 《中华人民共和国个人信息保护法》第六十九条,处理个人信息侵害个人信息权益造成损害,个人信息处理者不能证明自己没有过错的,应当承担损害赔偿等侵权责任。

② ICO Penalty Notice, https：//ico. org. uk/media/action-weve-taken/mpns/2618421/bapenalty-20201016. pdf, 2020.

3. 刑事责任

《评估办法》要求数据处理者对其进行的风险评估与自评估提交的材料真实性负责①，如果其未尽相关义务擅自开展数据出境等流动活动、在数据出境风险自评估中存在隐瞒、欺诈或者造假行为的或者私自向境外泄露个人健康信息等敏感数据，严重危害社会秩序或者国家利益及安全造成严重后果，符合《刑法》中的犯罪构成要件的将被依法追究刑事责任并予以刑事处罚。

（三）个人健康信息出境风险评估法律责任的归责原则

根据《民法典》对个人信息保护内容的规定，个人信息作为一项在人格权编下受保护的合法权益，其受到侵害时的归责原则应适用一般过错责任原则。而《个人信息保护法》与《民法典》不同，其规定个人健康信息等数据处理者在侵害他人信息权益时应适用过错推定原则来对其苛责赔偿责任。作为国家、社会与个人信任且授权的数据处理组织或者机构，应当对个人信息出境风险评估尽高度的审慎注意义务，如果发生数据泄露事件危害到个人、社会乃至国家安全的时候，仅凭无过错对其免责显然不合情理也不合法理，故在对数据处理者进行追责时应当适用过错推定原则。

第四节　优化个人健康信息的透明与共享机制

医疗数据保护是一项综合性的任务，需要医疗机构、政府监管机构、技术提供商和患者共同合作。当前医疗卫生领域存在健康信息数据共享不畅通和缺乏透明度的问题，这直接导致行业内各机构之间信息交换协调效率低下。该种情况不仅可能增加患者的医疗费用，还可能引发各类医疗纠纷。因此，为了降低因数据透明度低和数据共享不畅造成的摩擦，

---

① 《数据出境安全评估办法》第十一条，安全评估过程中，发现数据处理者提交的申报材料不符合要求的，国家网信部门可以要求其补充或者更正。数据处理者无正当理由不补充或者更正的，国家网信部门可以终止安全评估。数据处理者对所提交材料的真实性负责，故意提交虚假材料的，按照评估不通过处理，并依法追究相应法律责任；第十八条，违反本办法规定的，依据《中华人民共和国网络安全法》《中华人民共和国数据安全法》《中华人民共和国个人信息保护法》等法律法规处理；构成犯罪的，依法追究刑事责任。

节省经济成本，确保患者在适当的时间得到适当的治疗和护理，应通过加强技术手段和法规制度的建设，以更好地保护医疗数据的安全，确保患者在享受便利的医疗服务的同时，其隐私得到最大限度的尊重和保护。

一　提升个人健康信息的透明机制

提升个人健康信息的透明机制有助于监督机构对健康数据处理者进行及时有效的监督，该机制的优化和提升有赖于厘清个人健康信息的去识别化处理、实时监测预警以及泄露举报制度的内容。具体分析如下。

（一）对个人健康信息的去识别化处理

对个人健康信息去识别化是医疗数据安全流动的核心措施之一。欧盟在 2014 年发布的《个人资料隐私保护指令》中提出了去识别化的几个标准：根据个人信息是否可以识别到具体某人；根据个人信息是否可链接到相关个人的其他信息。也就是说，对个人健康信息等数据进行去识别化是指该信息通过各种途径无法识别出一个特定的信息主体。在实践中，医疗数据的共享和流动存在的困难主要是可能会在共享和流动的过程中侵犯信息主体的健康隐私。在美国斯坦伯格诉卡尔马克公司一案中（Steinberg v. CVS Caremark Corp），原告斯坦伯格曾在被告卡尔马克公司处购买了某类处方药，之后卡尔马克公司将原告的处方信息进行去识别化，并将其该处方信息出售给了某信息分析公司。原告认为被告的行为违反了 HIPAA 隐私规则的相关规定，自身的隐私权受到了侵犯，要求被告承担相应的侵权责任。法院审查后认为被告在出售原告的处方信息之前已对原告的姓名、出生日期及社会保障号码等识别身份的特定信息作了删除的去识别化处理，仅保留了原告的治疗诊断、处方药物、开处方日期以及诊治医师姓名，该处理无法对原告进行身份识别，并未违反隐私规则，因此驳回了原告斯坦伯格的诉请。[①] 一般来说，根据 1996 年 HIPAA 的安全港标准，受保护的个人健康信息应当进行去识别化处理，如修改信息个体留痕的具体日期与时间、常用 IP 地址、指纹或者声纹等生物识别特征，或者是将信息主体与健康信息绑定的号码如"1234567890"屏蔽为"12345＊＊＊＊＊"，这也为保留存储的原始数据提供了灵活性，

---

① Steinberg v. CVS Caremark Corp：2012 WL507807，Feb. 16，2012.

但该种去识别化方式显然已经满足不了海量的信息主体对健康信息的去识别化需求。有学者提出了一种人脸去识别化方法来保护与健康信息绑定的个人肖像隐私，如图 5 – 7 所示，可通过蒙面、模糊、像素化以及换脸来对健康信息主体的身份去识别化。然而，此类方法也因为会被用来 AI 换脸制作一些娱乐视频侵犯了个体的隐私权和肖像权而饱受诟病，其中也涉及了伦理问题。

Original　　Masked　　Blurred　　Pixelization　　Swapped

图 5 – 7　人脸特征去识别化的各类方法①

我国澳门特别行政区相关法律规定公务机关在对个人健康信息等数据进行去识别化之前应当进行信息共享的数据类型、数据敏感程度、是否存在显著的引发他人重新识别的意图等进行泄露风险自评估。② 如果是提供给研究院以及高校等为公共卫生研究而使用个人信息的申请对象，则对相关数据的去识别化程度可以有所降低。

实践中，数据处理者是否已经采取个人健康信息去识别化的手段，即如何界定相关信息确实已经去识别化的事实认定是非常模糊的，并且具有不稳定性。当对个人健康信息去识别化已经无法满足医疗数据流动诉求时，对数据加密不失为另一种选择。该加密措施本质上是一种访问控制措施，在施加一定控制的时候可以确保医疗数据通过合适的路径流动到合适的目的地。当医疗数据在流动中和落地之后都处于加密状态则意味着只有经过认证的目标才可以接收到和使用上述个人健康信息，从

---

① Bingquan Zhu, "Deepfakes for Medical Video De-Identification: Privacy Protection and Diagnostic Information Preservation", *Association for Computing Machinery*, 2020.

② 杨翱宇：《澳门特别行政区个人资料保护法的文本与实践》，硕士学位论文，西南政法大学，2017 年。

而实现医疗数据流向的控制。在大数据技术飞跃发展的时代，医疗数据去识别化确实存在不少障碍以及需要预防的风险，即使依照当前的专业信息技术水平能够对个人健康信息进行去识别化，但是随着健康信息日积月累地增长、健康信息储存成本逐渐下降，已被认定为已去识别化的消息仍有可能通过与其他零碎信息的对照、链接、组合等被重新识别，故去识别化的规则和标准也应当不断更新。

（二）对个人健康信息实时监测预警

如前文所述，个人健康信息处于不断更新和变化当中，而大数据获取个人健康信息进行转换、分析与共享的目标之一即助力公共卫生领域，帮助民众预防疾病的发生与发展。传染病监测、及时发现和早期疫情预警对世界各国来说仍然是一个复杂的挑战。鼠疫、SARS、H1N1、禽流感等传染病的出现以及埃博拉病毒和 ZIKA 病毒的暴发，突出了对健康信息监测和预警对重要性与迫切需要。根据我国颁布的"健康中国 2030"规划和各项健康信息保护标准，要想平衡大数据应用与个人健康信息保护，实时监测预警必不可少。对个人健康信息进行实时监测也有助于了解个人健康信息服务的使用情况，有学者作了此类调研如图 5-8 所示，在样本容量较小的情况下都有 33.09% 的公众使用过智能穿戴设备或者健康监测类应用来管理自身健康信息，这能在一定程度上说明大部分公众都有对健康信息进行监测的需求。飞利浦医疗、医疗巨头 Gem、谷歌和 IBM 等科技公司目前在积极探索区块链技术的医疗应用，Google 旗下的 AI 健

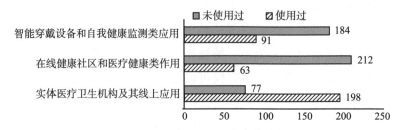

图 5-8 个人健康信息实时监测服务应用的使用情况①

---

① 郑荣等:《基于微服务架构的多源个人健康信息微服务模式研究》,《情报理论与实践》2023 年第 12 期, 第 96 页。

康科技子公司也宣布使用区块链，从而使医院、NHS 甚至病人都能实时跟踪个人健康数据①。

对个人健康信息进行实时监测预警有助于为健康、亚健康人群以及无症状患者提供疾病预防服务。该疾病预防服务又分为健康状况评估和疾病监测预警。其中，进行健康状况评估的目的是为了公众科学化和直观化地掌握自身健康状况，主要通过体检信息等生成健康报告存储在健康信息系统，系统会分批为健康信息分配对应的健康信息管理师，并及时更新给予信息主体反馈，管理师将全程跟踪随访以及记录与分析所监测到的个体健康信息。当监测数据显示正常时，健康信息管理师根据系统上自动生成的健康管理方案继续为个体提供居家监测、日常提醒、健康教育与咨询服务；当监测数据显示异常时系统会自动向健康信息主体发送预警信息并通知健康管理师及时进行干预。如果监测的数据显示波动较大时健康管理师会对信息主体进行回访等服务②。而疾病监测预警结合我国临床案例成果数据库（CMCR）和相关专业知识库对个人健康信息进行疾病关联分析，尽早链接并发现信息个体的疾病早期征兆并向个体发出预警，由个人选择是否需要进行个性化的疾病筛查，维护公众健康权益。

（三）个人健康信息泄露的举报制度

尽管对个人健康信息已进行去识别化处理或者进行实时监测预警，但仍有可能出现信息泄露的问题。除了各类相关组织和机构的评估和调查外，完善个人健康信息泄露的举报制度不失为另一种良法。曾有一家名为 ChoicePoint 的美国公司遵守加州的数据泄露通知法（DBNLs）报警通知了警方自身公司涉及数据泄露，也通知了该公司有业务往来的 35000名客户。但该公司有限通知的做法也引起其他州的客户的不满，尽管数据处理公司有权利选择信息发布的对象。在个人健康信息泄露的举报制度上，"阿里健康"设置了多方公开举报渠道，开发上线移动端举报系

---

① 《Health Nexus：基于 HIPAA 法案的医疗数据平台》，载火讯财经网站，https：//huox-un.com/news/3740.html，2024 年 1 月 29 日访问。

② 韩雷、邹媛等：《基于"健康小屋"的"互联网＋"健康管理信息平台的设计与实施路径》，《新疆医学》2020 年第 7 期，第 53 页。

统、持续铺设及推广举报二维码、邮箱等举报渠道;除此之外,还设置了健康信息调查员,在接到相关举报后第一时间进行调查并切分相关数据以及提出明确的针对举报人的信息安全保护并规定了打击报复等行为的严重后果①。

个人健康信息泄露的举报制度需要设置举报奖励的规则,作为实际经历社会经济、政治和文化生活的每个信息主体,应极为关注自身的个人健康信息等数据保护水平,其对个人信息侵害的感知也较为敏感,但碍于自身维权成本以及举证要求等门槛很可能放弃相关权益。举报奖励的制度可与前面所述的公益诉讼案件相结合,通过社会公众和组织、新闻媒体等社会力量提供相关数据泄露案件的线索,一方面,可鼓励广大社会公众匿名向检察机关提供个人信息泄露等公益诉讼案件的线索,同时畅通提供线索的线上以及线下渠道。另一方面,该泄露举报制度也会加大对数据处理者的监管力度,国外的很多司法管辖区已经明确,数据监管机构、数据处理者以及普通公众针对数据泄露均具有举报的义务。个人健康信息泄露举报制度的建立不仅能够鼓励数据机构的内部工作人员有安全举报数据泄露的渠道,而且充分保护了个人健康信息等数据隐私安全。

二 细化个人健康信息的共享机制

个人健康信息在大数据应用中透明和监督机制的细化离不开个人健康信息共享平台的搭建、共享智能合约的设计和医疗数据传输与共享领域专业人才的培养。我国香港特别行政区和深圳经济特区制定了医疗数据互通方案,② 但未在全国范围内推行。《试行办法》在数据共享技术方面对国家卫生健康委等责任单位提出了要求,应统筹建设医疗资源目录体系和数据共享交换体系,强化对医疗健康数据全生命周期的服务与管理。

(一) 基于区块链技术搭建个人健康信息共享平台

原卫生部办公厅 2009 年公布的《基于健康档案的区域卫生信息平台

---

① 《阿里健康信息技术有限公司 二零二二年环境、社会及管治报告》,载阿里健康信息技术有限公司官网,https://www.hkexnews.hk/listedco/listconews/sehk/2022/0705/2022070501288_c.pdf,2024 年 1 月 30 日访问。

② 《深港两地首次实现电子病历互通》,载深圳政府在线官方网站,http://www.sz.gov.cn/cn/xxgk/zfxxgj/zwdt/content/post_8605771.html,2024 年 1 月 30 日访问。

建设指南（试行）》（现行有效）和 2011 年公布的《基于健康档案的区域卫生信息平台建设技术解决方案（试行）》（现行有效）为个人健康信息共享平台的建设提供了合法路径。

如前文所述，世界各国在加强对个人健康信息监管力度的同时，也都面临着与个人信息相关的各部门之间存在数据共享障碍的问题。区块链技术出现十年以来在各个领域蓬勃发展，从云身份验证到病历记录甚至能够存储宠物收养过程的交易细节。在区块链中存储个人健康信息的好处包括但不限于完整性、抗篡改性和几乎实时的记录更新。国务院于 2015 年 8 月发布的《促进大数据发展平台》指出，大数据作为一个容量大、类型多、访问速度快、应用价值高的数据集正在迅速发展为大量来源分散、格式多样的数据进行收集、存储和相关分析的功能。《促进大数据发展行动纲要》的核心是促进健康信息等数据资源的共享和开放，促进我国各部门、各地区、各领域的数据资源的共享和开放。虽然我国政府长期以来一直提倡数据中国战略，但目前各行业、各领域之间的数据共享壁垒并未完全打破，如医疗数据中跨部门信息数据中存储的分散数据的共享和检索变得极为复杂，数据的交互和集成仍然困难。2019 年的新型冠状病毒大流行诱发几个区块链项目的启动，有科研工作者基于处理全球疫苗信息和相关证书的需要、以点对点的星际文件系统（Inter-Planetary File System，IPFS）网络作为外链存储[1]，创建了数据分布式的系统，该系统以区块链技术为平台、个人身份信息为基础以及遵循国际信息加密标准等保护个人疫苗接种等医疗隐私，[2] 这主要是创建、存储个人健康信息并对相关信息的真实性进行认证。如图 5 - 9 所示，个人健康信息等数据进入了星际文件传输系统网络中后，所有数据都会使用加密代码形成唯一的文件。当想要查找网络中的相关数据时，会直接根据代

---

[1]　星际文件系统是一个旨在创建持久且分布式存储和共享文件的网络传输协议。主要特点有：（1）永久的、去中心化保存和共享文件（区块链模式下的存储 DHTs）；（2）点对点超媒体：P2P 保存各种各样类型的数据（BitTorrent）；（3）版本化：可追溯文件修改历史（Git-Merkle DAG 默克尔有向无环图）；（4）内容可寻址：通过文件内容生成独立哈希值来标识文件，而不是通过文件保存位置来标识。相同内容的文件在系统中只会存在一份，节约存储空间。

[2]　Abid, Cheikhrouhou, Kallel, Jmaiel, "Novid Chain: blockchain-based privacy-preserving platform for COVID - 19 test/vaccine certificates", *Software Pract*, 2022.

码在其本地存储区中精准识别相关信息并且进行传输。另外，星际文件传输系统专用网络允许节点只连接到具备共享密钥的其他存储个人健康信息的节点并拒绝来自该网络之外的节点的通信请求。

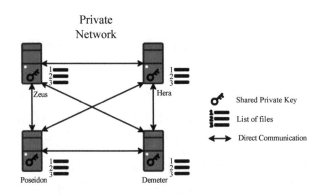

图 5 – 9　IPFS 网络运行流程①

深圳市汇利斯通信息技术有限公司也参照上述原卫生部的指南，以"4631"为整体框架、医疗优质资源共享协同为手段、居民健康信息管理为核心、互联互通为目标，同时以大数据应用为支撑，根据医疗数据接入的机构范围，建设适用于各行政管理级别的区域卫生信息平台（如图5 – 10 所示），该平台不仅能够为居民提供健康管理，信息主体的健康问题重点突出、条理清楚、便于区块链数据系统处理和管理等。其中的健康信息档案内容全面、充分，使用广泛、检索方便、储存简单，为突发性、传染性、多发性疾病提供资料，也能够实现区域内信息互通与资源共享，促进优质医疗资源共享和医疗服务均等化，有效加强基层医疗机构服务能力。

基于区块链技术搭建的个人健康信息共享平台不仅符合《数据安全法》《个人信息保护法》《试行办法》等的要求，点对点的交互传输也能够保证数据在流动中的安全，该平台也能通过实现各医疗卫生机构的互联互通，汇聚各类医疗卫生业务服务及管理信息，实现人人享有电子健

---

① Ricardo Martins Gonçalves，"Olympus：A GDPR Compliant Blockchain system"，*International Journal of Information Security*，2023.

康信息档案。在医生、居民有效共享利用个人健康信息的同时，为公共卫生机构、医院、社区卫生中心、卫生行政机构提供方便、高效、优质的医疗卫生服务，实现民众就医方式、服务方式和管理方式的转变。

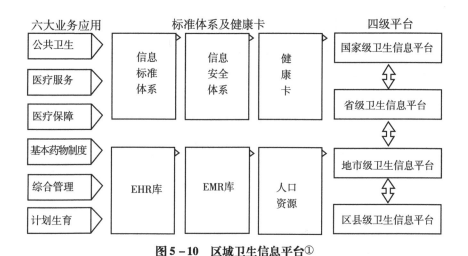

图 5 - 10　区域卫生信息平台①

（二）设计个人健康信息的共享激励智能合约

智能合约（Smart Contract）诞生的时间远远早于区块链技术，其于1993 年由计算机科学家、加密大师尼克·萨博提出。② 智能合约是一套以数字形式定义的承诺，也包括合约参与方可以在其中执行承诺的协议。智能合约将双方的执行条款和违约责任写入了系统的软硬件之中，通过数字的方式来操作和控制合约的执行。大数据在智能医疗应用程序中发挥着关键作用，而其中共享数据的可用性、可信赖性、机密性和安全性是当前个人健康信息共享与应用中面临的主要问题之一，医患双方的智能合约应运而生。智能合约也称为智能合同，是医患双方或者多方基于上述的区块链技术自动执行共享健康信息的协议。近几十年来，全球各

---

① 《区域卫生信息平台》，载深圳市汇利斯通信息技术有限公司网站，http：//wang. soso-hit. com/products/info/4185，2024 年 2 月 2 日访问。

② 《智能合约在医疗领域的应用案例介绍》，载电子工程师社区网站，https：//www. elec-fans. com/blockchain/1050639. html，2024 年 1 月 27 日访问。

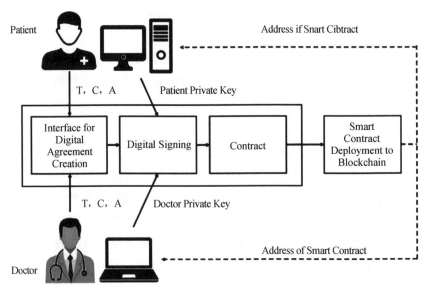

地提出了各类智能合约来实现医疗数据的流动。^① 如图 5 - 11 所示,智能合约涉及到各类参与者,他们之间的自动服务协议和自动化的服务都属于智能合约的内容。相关服务提供者(医疗从业人员、医疗保险代理人等)发布医疗服务协议如进行挂号等,智能合约系统会创建相关模块接受诸如条款(T)、条件(C)和协议(A)等,输入后自动转化成电子智能协议供双方进行电子签名确认签署该条约。为了防止非法设备混入私人智能协议签订系统,设备认证机制在系统启动期间会帮助双方验证设备表示,认证系统此时在智能合约生成与签署全程也将执行验证参与者身份以及限制非法参与者访问智能合约两个任务,这种认证机制能够充分保障医患双方的链接以及健康数据隐私的安全。此外,一旦开始执行智能合约,此协议会在区块链上被记录和验证,从而保证其稳定性和对合约双方的透明度。当合约内容执行完毕后相关医疗数据会被自动销毁,免除了医疗机构对数据泄露的担忧。

图 5 - 11 智能合约运作模式流程②

① Weidong S. , Hu T. , "Secure Sharing of Big Digital Twin Data for Smart Manufacturing Based on Blockchain", *J Manuf Syst*, 2021.

② Ansar Sonya, Ganesh Kavitha, "An Effective Blockchain-based Smart Contract System for Securing Electronic Medical Data in Smart Healthcare", *Wiley*, 2022.

以患者向医疗机构索赔和报销费用为例，在上述区块链项目中运行着个人医疗健康记录和保险合同。由于个人医疗健康记录数据安全极为敏感，目前我国在该方面的应用也还不够成熟，但可以采用接口的方式将医疗数据和智能合约结合起来。比如在每个与患者索赔相关的临床医疗数据作为参考数据存储在前述所提的星际文件传输系统后，将需要使用和输出的医疗数据限制为智能合约的履行所需要调动的数据，进而最大限度地减少了各个节点共享的敏感数据。虽然智能合约技术有着自动化、高效率和低成本的特点，但目前对于该技术的法律规制有待在实践应用中不断完善与优化。

（三）培养医疗数据传输与共享领域的专业人才

随着物联网、大数据、云计算、移动互联网技术和互联网＋理念的不断融入以及分级诊疗的不断推进，区域信息化互通、实现数据共享逐步成为各地医疗行业的迫切需求。然而，目前我国医院诊疗和医保等健康医疗大数据的信息共享人才仍然紧缺，将大数据融入监管中也需要专业人员进行操作，如国家监察机关中急需既有信息技术专业背景又具有监察技能的综合人才。目前在个人健康信息应用过程中，缺乏能够有效整合医疗数据信息技术、日常监督、建立相关数据模型、使用 Spss 等数据分析软件，分析和解决医疗数据传输与共享方面的专业人才。各级政府应在高校推进"健康医疗大数据分析和共享"相关教材建设、专业建设、学科建设和人才培养，同时利用多重评价方法对上述课程进行课程评估，信息技术课程的学习不应以期末论文的结果来评价，而应注重人才的学习过程。该评价机制的评价主体应当多样化，包括教师评价、学生自我评价以及学生交叉评价。评价内容也应当呈现课堂评价和课外评价相结合、个人表现和小组表现相结合的形式，而课外评价可借助学生学习的相应数据共享技术对其进行实际操作的考核。上述人才培养须依托大数据健康信息教育平台来加强大数据应用中个人健康信息的相关教育。

第五节　加强个人健康信息保护的教育与社会责任

法律的生命在于实施，健康医疗数据是国家重要的基础性战略资源，但随着上述区块链等新技术的出现，健康医疗数据在应用过程中常常涉

及对基因信息、生物识别信息等个人敏感信息的收集、使用和加工行为,
由此产生的大数据应用与个人健康信息隐私保护之间的冲突不断,故应
从根源上加强个人健康信息保护的相关教育与培训。

一　建设个人健康信息教育平台

《健康中国行动(2019—2030年)》提到要把人民健康放在优先发展
战略地位上,而设计与应用个人健康信息教育平台有利于高效整合医疗
资源,对于促进我国个人健康信息的应用水平以及促进全民健康发展有
着重要的现实意义。如图5-12所示,建设个人健康信息教育平台对普通
民众来说最重要的是基础健康信息教育服务、医疗健康资料宣教服务、
相关健康教育的跟踪与管理服务和个人的健康素养评估。

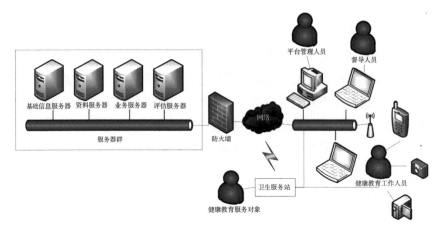

图5-12　健康信息平台架构①

(一) 个人健康信息基础性服务

由前述周海媚事件可以看出,目前部分医护人员以及其他个人数据
处理机构工作人员的信息安全意识薄弱,大多数的基层医护人员长期关
注的是本职工作范畴内技术技能的知识,对于信息技术层面的相关法律、
法规缺乏基本的理解和认知,信息保密意识淡薄。上述平台将汇集各城
市或地区医疗卫生机构的医疗资源信息以及接受医疗服务民众的基本健

---

① 章之言:《健康教育信息平台的设计与应用》,《计算机应用》2020年第9期,第33页。

康信息，同时针对各地区的医疗服务诊所或者卫生站所收集的个人健康信息基本情况进行统计汇总，为后续的宣教服务提供信息来源保障。

（二）个人健康信息教育宣教服务

有了上述基本健康信息的汇总之后，健康信息教育平台对上述个人健康信息进行分类整理，在系统上根据不同年龄段的服务对象推送针对性的相关健康教育信息，有的放矢。另外，健康信息教育平台对各类信息进行细分之后可利用平台优势组织线下宣讲活动。目前部分医疗机构的数据防泄露体系尚未建成，许多医院只注重来自外部的如黑客攻击、勒索病毒等而忽视了由内向外的信息泄露问题。故应当进一步提升医疗机构和医务人员对数据外泄的防范意识，进行有针对性的培训，并结合前述所提完善监管力度。卫生监管部门应加强对医疗机构和医务人员信息安全方面的培训力度、制定培训时长要求，考核相关核心健康信息数据的使用、外发等环节的相关制度的掌握情况，提升员工在大数据应用中对患者个人健康信息的隐私防护教育。

（三）个人健康信息的教育管理与跟踪服务

健康信息平台中的管理人员和健康教育工作人员，应当及时记录上述的基础个人健康信息以及宣教活动的开展情况，便于监管部门对其日常工作进行跟踪检查。此外，应当响应国务院办公厅《关于促进和规范健康医疗大数据应用发展的指导意见》中，加大对国际健康医疗大数据应用标准的跟踪、评估和转化力度，相关部门应该积极参与国际标准的会议讨论，增强相关规则执行的话语权，稳步探索国际健康医疗大数据应用发展合作新模式，进而不断提升我国个人健康信息保护与监管水平的国际化。

（四）个人健康信息教育素养的评估

前述所提的"阿里健康"建立严格的个人健康信息合规培训体系，不定期开展分别针对一线员工、管理者、人力资源团队的医疗数据隐私合规培训，并针对不同种类的岗位开展不同内容的合规宣教，定制化生产贴合内容并以考试评估培训效果。该公司也设有专门的新人宣教机制，新人需在入职30天内机制性地完成相关考试并参与定期组织的线下专场培训。据此，个人用户在我们建设的健康信息教育平台经过一定周期的学习之后，其可进入平台中的健康素养测评系统，对自身的医疗健康知识掌握水平进行评估。平台收集个人用户的评估结果后可针对性地对民众的医疗健康知识开展宣传科普工作，提高民众的医疗健康知识水平。

二 加强医疗卫生企业的责任意识

国开联研究中心曾发布《生物医药行业上市公司 2022 年度社会责任报告编制与披露趋势展望》报告，生物医药企业因其行业属性，涉及的关联方从监管机构到消费者，从医药商业服务机构到医疗机构、医生和护理人员等流通应用环节。[①] 因此，从源头上提升医疗卫生企业在个人健康信息保护中的社会责任十分必要。

（一）制定医疗卫生企业社会责任披露的规范性文件

医疗卫生行业的数据安全面临着合规要求，地方医疗行业主管机构如福州市出台的《福州市健康医疗大数据资源管理暂行办法》以及《福州市健康医疗大数据资源管理实施细则》，上海市的《上海市数据条例》、贵州省的《贵州省大数据安全保障条例》以及深圳市的《深圳市经济特区数据条例》等文件都规定，针对医疗卫生企业在处理个人健康信息时应当遵守相关数据安全管理要求以及履行企业社会责任。企业社会责任已成为各行业危机管理领域的一个突出关注点，其有助于增强医疗卫生企业及其利益相关者之间的信任程度。从医疗行业企业在每年年报中披露的社会责任信息来看，各报告的整体信息不统一、编写格式杂乱无章，一方面是各医疗卫生企业不够重视报告的撰写，另一方面是由于目前的社会责任披露规范、标准不够明确，医疗卫生健康工作的相关报告多出现在各地政府的年度工作报告中。企业社会责任披露内容越丰富表明该企业具有长期的发展前景和可持续性，而企业社会责任披露的减少或遗漏则发出对未来企业社会责任战略承诺减少的负面信号，进而影响企业的回报。

在医疗卫生企业履行社会责任过程中主要有以下困难：第一，医疗企业的社会责任活动需要大量的额外成本且一般不会盈利，缺少披露资金。第二，由于近几年医疗卫生企业的数量呈指数级增长，故相关企业

---

① 《生物医药行业上市公司 2022 年度社会责任报告编制与披露趋势展望》，载国开联研究中心官方网站，http：//www.goclee.com/service/index/30，2024 年 2 月 1 日访问。

面临着销售额的严重下滑的同时采取了裁员措施以避免破产。第三，基于医疗企业的服务性质，其必须优先考虑捐款、启动救灾项目等慈善行动。第四，医疗卫生企业在对外履行社会责任之前须先造福内部员工和巩固客户。第五，由于卫生领域不断出现的新情况和新问题的多元化和复杂化，使得企业利益相关方难以评估医疗卫生企业社会责任履行程度。

在我国，提高医疗卫生企业社会责任可重点关注以下因素，董事会独立性与企业社会责任脱钩存在负相关关系，独立董事会可能通过严格监督首席执行官来减轻企业社会责任的脱钩。而董事会的规模也会影响到企业社会责任的脱钩，较大规模的董事会需应对内部事务的协调进而较低董事会对企业社会责任的监督，故医疗卫生企业内部应当设立企业社会责任委员会来加强对企业社会责任披露的监督。

（二）完善医疗卫生企业应用个人健康信息的社会责任问责制

医疗卫生企业披露相关个人健康信息，不但可以减少利益相关者之间的信息不对称性，而且可以降低行业运营成本。另外，通过社会责任的披露，医疗卫生企业可以与利益相关者进行对话，建立一个利好的企业形象，从而获得公众支持。但医疗卫生企业对社会责任中的个人健康数据披露行为存在缺陷，其中存在的主要问题有可能是监管机构对一些虚假披露事件的处罚力度过轻、市场对于医疗卫生企业的社会责任价值的认识不充分，等等。如果长期处于此种市场失职且惩罚不实的处境中，市场将无法有效履行其监督职能。政府等监管机构应当调整对医疗卫生企业应用个人健康信息的社会责任问责手段，如将一贯的事后监管调整为全流程控制；加强医疗卫生企业问询机制的使用，通过上述完善的医疗卫生企业的医疗信息披露问责机制来加强社会责任的事前控制，从而督促医疗卫生企业更好地履行医疗数据披露义务。另一方面，也需完善违规披露医疗数据行为和违法披露医疗数据行为的边界并适当加大惩处力度，以避免出现劣币驱除良币的现象。

（三）增强医疗卫生企业社会责任的信息数据管理能力

如前文所述，医疗保健领域不断研发保护患者隐私的数据系统，如生成式对抗网络（Generative Adversarial Networks，GANs），这是一种旨在创建高保真加数据的人工智能网络。该网络系统保留了各医疗卫生行业如医疗机构或者医药企业提供的真实数据集并学习生成合成数据，合成的医疗数据能够创建虚假的病人记录和医疗成像，致使其无法被识别，因为合成数据无关乎任何的真实个人。该生成式对抗网络的创建对于保护个人健康隐私与增强医学临床研究等领域有很大的前景，但合成数据的兴起也预示着医疗卫生行业的公司等将虚假的医疗数据货币化，这使得跨境的医疗数据共享超出了我国相关数据保护立法的范围。此外，目前也没有相对稳定和客观的标准来确定合成数据与原始的个人健康数据是否足够去识别化，这给消费者带来了潜在的风险。例如，医疗保险公司私下买卖个人健康数据来合成消费者数据牟利也无法被识别。如方正区域协同医疗系统创设的 XDS 文档共享服务系统包括文档生成、注册、检索、调阅四个业务过程，系统提供了文档生成接口、文档目录检索服务、文档内容调阅服务供其他系统调用，同时也提供了共享文档服务客户端。[1] 文档服务客户端可以实现文档生成请求、文档分类检索、文档使用授权验证、文档内容调阅等功能，客户端可以直接在浏览器中使用，也可以集成在医生工作站里，通过内部接口，医生可以和操作本院病历一样检索和调阅区域共享病历。据预测，到 2030 年，用于构建算法的合成数据体量将超过真实个人健康数据[2]，而目前合成数据潜在的风险并无相应的法律约束，无规矩不成方圆，政府应当通过出台相应标准来增强医疗卫生企业的信息数据管理能力，与行业各部门一同打造医疗数据资源共享、再利用、再生产的数据生态循环。

三 提升政府职能部门对个人健康信息的社会责任

第一，政府职能部门对个人健康信息的处理应具有公共服务的性质。政府职能部门对个人健康信息的处理是实施公共权力的行为，有别于私法上医疗健康企业等主体处理公民个人健康信息的行为，也区别于在普通的行政活动中政府对公民的管理和监督行为。目前，政府在健康卫生领域的服务性作用越来越大，一些学者将其定义为"政府提供的公共服

---

[1] 《方正区域医疗协同系统》，载方正国际软件有限公司网站，http：//wang. sosohit. com/products/info/5589，2024 年 2 月 1 日访问。

[2] Anmol Arora, "Synthetic Patient Data in Health Care: A Widening Legal Loophole", *The Lancet*, 2022.

务"，即政府对个人健康信息的管理更多地表现出一种保护和被保护的关系，是为健康信息的"共同生产"乃至"共同创造"提供了一种全新的政府服务模式。

第二，政府职能部门对个人健康信息的处理应遵守目的限制原则。目的限制是个人健康信息保护的重要手段，在收集个人健康信息时，必须清楚地说明其收集目的，并且在收集之后，只能以收集之用途为限，或以其他方式不与承诺的用途相抵触。每一次变更用途时，都要注明其变更用途内容及原因。我国《个人信息保护法》也吸收借鉴了目的限制原则，通过对个人健康信息处理活动的目的进行限定，有效防止公共权力滥用，这与比例原则在公共权力中的适用范围是一致的。政府职能部门在个人健康信息管理收集中，必须秉持目的限制原则，合法合规处理。

第三，政府对个人健康信息的处理必须以公众利益为基础。从国家层面来看，政府对个体健康信息进行管理的动机与终极目标是提高全社会的公众福利，推动人类社会的良性发展。按惯例情况下，政府职能部门在对个人健康信息进行法律处理的过程中，从采集行为入手，可能会涉及储存、使用、加工、传输、提供等行为，但是，在没有获得个人同意的情况下，通常是不能将其公布的。即使在征得个人同意的情况下，个人健康信息处理者在披露个人信息之前，还需要履行风险评估和过程记录等程序规定。因此，政府各个职能部门应当加强对所收集的个人健康信息的储存、使用、加工、传输、提供过程中的风险防范，从制度、技术、培训等角度加强全方位管理，建立政府一体化个人健康信息合规体系，实现对公众个人健康信息的有效保护，更好地保障个人健康信息安全。

第四，政府不仅要防范自身职能部门对个人健康信息安全产生风险，也要助力个人健康信息的保护。例如，由政府主管部门牵头，建立健康信息交易的监管机构，一旦存在社会公众健康信息的不正当交易现象要及时进行制止，加强对健康信息交易的规范化引导，以保证社会的平稳发展。此外，随着经济全球化的发展，个人健康信息跨区、跨境流动已经不可避免，诸多问题已经超越了政府管控的射程，需要借助区域合作、国际合作来建立统一的规则或者监管机制：在内部合作方面，可以设立独立监管部门仅负责保护个人健康信息，在与其他监管部门配合时，可以更好地掌握问题的关键点，维护个人健康信息保护监管在政府监管系统中的位置①；在对外合作方面，作为个人健康信息保护专门机构的独立监管者，在国际间的沟通与合作、国际规则的制定过程中，更多地体现各国的利益诉求和关注问题。

四　重视保险公司的合规义务

保险业是一个"个人健康信息行业"。究其原因，保险业的本质是建立在风险认知基础之上的，而风险的重要特征是基于健康信息不对称，保险公司势必要获取更多的个人健康信息以破解经营活动中的不对称问题，实现有效风险管理。从这一视角看，保险业对于个人健康信息的收集使用是其"基因"决定的。保险公司通过搜集大量、特定的个人健康信息，以估测损失模式，合理确定保费。依据保险大数据规则，保险公司对每一类标的所涉及的数据都要有一定"量"的规模，这样才能获得所需要的量化规则。因此，保险行业收集和利用个人健康信息属于行业的基础操作行为。

保险公司对个人健康信息收集应确保最小必要原则且公开透明。从《民法典》第 1035 条、《个人信息保护法》第 6 条等法律规范中可以引申出个人健康信息收集的"最小必要原则"包括两层含义：一是必要性，以收集与服务场景有关的必要个人健康信息为限，不得从事与服务场景无关的个人信息处理活动；二是最小性，收集信息的方式以对个人权益影响最小方式优先。保险公司收集的个人健康信息的内容和类型应与实现其产品或服务的业务功能直接关联，获取个人健康信息的数量应是实现其业务功能所必需的最少数量。实践中常见问题包括：收集的个人健康信息类型与现有业务功能无关；仅以提高服务质量、提升用户体验等为由，收集用户不必要个人健康信息；通过一揽子授权收集用户个人信息等。保险公司隐私政策是用户获知收集、使用保险公司对个人健康信息收集的目的、方式和范围等最直观的方式，应做到隐私政策的通俗易懂、明确具体、易获取且告知完整、真实、准确。以"中国人保"为例，

---

① 张涛：《个人信息保护中独立监管机构的组织法构造》，《河北法学》2022 年第 7 期，第 101 页。

进入 App 首页后通过点击"我的→设置→关于我们→隐私权政策"四步可以获得《中国人保 App 隐私政策》。同时在"关于我们"页面，还设置有"撤回同意隐私权政策"，用户点击进入后操作即可撤回同意并退出。

保险公司对个人健康信息的获取应确保获得信息主体的单独同意。根据《个人信息保护法》《信息安全技术个人信息安全规范》等要求，收集作为敏感信息的个人健康信息应当获得用户的明示同意，即保险公司不得采用默认勾选、默示等方式。如果仅通过隐私政策对个人健康信息进行概括同意，如一揽子授权等方式，仍有可能被认定为未取得客户单独同意或接受。正确的做法是保险公司应通过单独的"告知同意界面"（如通过单独弹窗）或者以电子签名等方式取得用户的单独同意。同时，保险公司亦应重点关注用户同意的有效性，通过书面、口头等方式主动作出纸质或电子形式的声明，或者作出肯定性动作（如主动勾选、主动点击"同意""注册""发送"、主动填写等），结合具体应用场景，以弹窗方式明确告知，获得即时授权，避免意思表示瑕疵。

在数字化大潮下，保险公司对个人健康信息收集存储中的合规义务应积极改进，完善现有的个人健康信息安全合规管理机制，形成多位一体的管理框架。

五　增强个人健康信息的安全保护意识

个人健康信息保护意识不强是导致个人健康信息安全隐患发生的重要原因之一。在互联网时代，个人健康信息泄露的风险越来越高，但大多数信息主体对信息保护的重要性认识不足，对隐私问题的警惕性较低，过于依赖第三方平台，没有对个人健康信息的安全进行足够的保护措施。例如，对购买的可携带健康设备，没有防备地输入自己的个人健康信息，并允许该设备持续不断更新自己的健康信息。

培养信息主体对个人健康信息问题的敏感性和警惕性迫在眉睫。通过宣传个人健康信息安全的基本知识，包括各类信息的泄露风险以及保护信息的方法，有目的地培养信息主体对个人健康信息使用的授权意识，防止信息被非法收集、利用，以及降低第三方（资源与服务提供商）侵犯信息主体的个人健康信息权益的风险①。现实中，很多信息主体保护自己个人健康信息的意识淡薄，不太关注信息处理者发布的隐私规则内容，且对相关规则或协议"同意"得很随意。不看协议内容，遇到"协议"一律点"同意"，甚至"同意"可能存在损害自己合法利益的用户协议。为避免这种现象出现，信息主体应自觉培养个人健康信息的授权意识，确保对个人健康信息的授权适度而合理。提高自我保护意识的另一常用途径是增强对政策和法律案例的宣传。在宣传过程中，要重点突出我国在个人健康信息保护领域的主要制度架构、数据采集方式的明示、数据采集后的研发、审查监督机关的设置等方面。通过上述措施，将系统的客观层次与主观层次的公民意识有机地结合起来，使个人健康信息得到全面的保护。

数字化浪潮席卷全球，大数据与卫生健康领域的联系愈加密切，其在商业、科技等领域有着极大机遇，也对我国公共卫生政策的不断完善有着重大贡献，在此过程中应平衡个人健康信息保护与大数据的应用。无规矩不成方圆，第一，通过比较现行关于个人健康信息保护的各个阶段特点及发展趋势，分析个人健康信息保护的域外制度和挑战，我国应全面完善大数据应用与个人健康信息法规与政策框架，主要体现为完善大数据应用个人健康信息的前中后阶段的分类机制、监管体系和救济渠道、公益诉讼制度以及优化大数据应用中个人健康信息相关行业的自律性规范。第二，医疗数据在大数据应用中遵循保障人权的原则，在个人健康信息收集、加工、使用、销毁的应用流程中可通过明确大数据应用中个人健康信息的知情同意方式以及修正选择与退出机制来强化大数据应用中个人健康信息的知情权与选择权。第三，针对个人健康信息在大数据应用中可能会出现的泄露、滥用、非法利用等风险，应引入大数据应用中个人健康信息风险评估机制，厘清个人健康信息评估的目的、范围、方式、规模、种类、敏感程度以及风险评估的法律责任等问题，保障个人健康信息的隐私安全。第四，大数据时代下的个人健康信息不免会面临归属不明、算法偏见等道德挑战，故应通过对个人健康信息的去

---

① 陈坤：《个人信息保护制度创新背景下图书馆读者信息保护研究》，《蚌埠学院学报》2024 年第 1 期，第 110 页。

识别化处理、实时监测预警提升大数据应用中个人健康信息的透明机制，并基于区块链技术搭建个人健康信息共享平台、设计个人健康信息应用的共享激励智能合约和培养数据共享人才，进一步细化大数据应用中个人健康信息的共享机制。第五，法律必须被信仰，否则它将形同虚设。个人健康信息在大数据应用中产生的诸多风险很大程度上来自医疗卫生行业工作人员对于相关法律、规范性文件的忽视，应当搭建个人大数据健康信息教育平台，加强相关人员的教育以及进行相应的职业素养评估，更应通过制定明确的医疗卫生企业社会责任披露规范性文件和增强其健康信息数据管理能力来，提升医疗卫生企业在应用个人健康信息中的社会责任，响应构建人类卫生命运共同体的时代号召。

参考文献

一 中文论著类

［美］Ari Ezra Waldman：《隐私即信任——大数据时代的信息隐私》，张璐译，法律出版社 2022 年版。

［美］海伦·尼森鲍姆：《场景中的隐私——技术、政治和社会生活中的和谐》，王苑等译，法律出版社 2022 年版。

奚晓明主编，最高人民法院侵权责任法研究小组编著：《中华人民共和国侵权责任法条文理解与适用》，人民法院出版社 2010 年版。

周汉华：《中华人民共和国个人信息保护法（专家建议稿）及立法研究报告》，法律出版社 2006 年版。

二 中文报刊论文类

陈坤：《个人信息保护制度创新背景下图书馆读者信息保护研究》，《蚌埠学院学报》2024 年第 1 期。

柏彩云、唐永麒、练陶陶等：《"健康码"集成个人健康信息之保护所面临的困境及其对策研究》，《医学与法学》2023 年第 3 期。

常冬春、张茹、管晴等：《健康画像在慢性病管理中的应用研究进展》，《南京医科大学学报》（社会科学版）2023 年第 6 期。

陈龙、曾凯、李莎等：《人工智能算法偏见与健康不公平的成因与对策分析》，《中国全科医学》2023 年第 19 期。

陈统：《数据出境风险自评估机制的理解与适用》，《企业经济》2023 年第 4 期。

陈怡：《健康医疗数据共享与个人信息保护研究》，《情报杂志》2023 年第 5 期。

迟学芝：《大数据背景下个人信息安全风险研究》，《网络安全技术与应用》2023 年第 2 期。

边娜：《大数据信息安全典型风险及保障机制研究》，《大众标准化》2022 年第 19 期。

陈琬珠、相丽玲：《中外个人健康医疗信息泄露通知制度比较研究》，《现代情报》2022 年第 10 期。

程啸：《论〈个人信息保护法〉中的删除权》，《社会科学辑刊》2022 年第 1 期。

曹新明、宋歌：《个人信息保护视阈下删除权与被遗忘权之思辨》，《杭州师范大学学报》（社会科学版）2021 年第 6 期。

程啸：《论我国个人信息保护法的基本原则》，《国家检察官学院学报》2021 年第 5 期。

程啸：《论个人信息处理者的告知义务》，《上海政法学院学报》（法治论丛）2021 年第 5 期。

陈梅丽、马英克、李茹姣等：《基因组学数据分析方法现状和展望》，《数据与计算发展前沿》2020 年第 2 期。

陈文胜：《美国健康信息隐私保护特点及其启示》，《湘潭大学学报》2020 年第 4 期。

程啸：《论我国民法典中的个人信息合理使用制度》，《中外法学》2020 年第 4 期。

蔡宏伟、龚赛红：《HIPAA 法案健康信息隐私保护借鉴研究》，《中国社会科学院研究生院学报》2017 年第 5 期。

杜明强、李款：《新冠疫情视阈下个人健康信息的法律保护》，《贵州师范大学学报》（社会科学版）2021 年第 2 期。

付小琴、董坚峰：《大数据背景下个人健康信息管理研究》，《江苏科技信息》2023 年第 27 期。

冯健鹏：《个人信息保护制度中告知同意原则的法理阐释与规范建构》，《法治研究》2022 年第 3 期。

冯恺：《个人信息"选择退出"机制的检视和反思》，《环球法律评论》2020 年第 4 期。

符美玲、冯泽永、陈少春：《发达国家健康管理经验对我们的启示》，《中国卫生事业管理》2011 年第 3 期。

高富平：《论医疗数据权利配置——医疗数据开放利用法律框架》，《现代法学》2020 年第 4 期。

高宇、李莉、张虹：《大数据时代个人信息安全风险防范研究》，《信息与电脑》（理论版）2021 年第 15 期。

高玉玲：《论医疗信息化中的患者隐私权保护——以电子病历运用为视角》，《法学论坛》2014 年第 2 期。

韩雷、邹媛等：《基于"健康小屋"的"互联网＋"健康管理信息平台的设计与实施路径》，《新疆医学》2020 年第 7 期。

何波：《数据权属界定面临的问题困境与破解思路》，《大数据》2021 年第 4 期。

何晶晶：《中国健康医疗数据跨境流动规制探析》，《国际法研究》2022 年第 6 期。

何岚：《个人健康信息开发与保护的价值冲突及其治理》，《电子政务》2018 年第 1 期。

洪凌啸：《论疫情防控中个人信息的数据利用与保护》，《地方立法研究》2022 年第 4 期。

侯滢、史励柯、侯建平等：《智能诊疗领域的算法伦理与算法治理研究》，《中国医学伦理学》2021 年第 4 期。

黄海诚、汪丰：《可穿戴技术在医疗中的研究与应用》，《中国医疗设备》2015 年第 1 期。

黄迦锜、钟琴：《数字经济时代患者个人健康信息保护的法治保障研究——以广西为例》，《广西经济》2023 年第 2 期。

黄鹂：《澳大利亚个人数据跨境流动监管经验及启示》，《征信》2019 年第 11 期。

江波、张亚男：《大数据语境下的个人信息合理使用原则》，《交大法学》2018 年第 3 期。

姜雯：《中美加三国健康信息保护与共享的法制比较与启示》，《图书馆》2021 年第 8 期。

姜雯：《国外个人健康信息基本要素介评及其启示》，《中国全科医学》

2016 年第 30 期。

姜雯：《电子病历相关问题研究》，《中国卫生法制》2015 年第 6 期。

焦艳玲：《智能穿戴技术下的个人健康信息保护》，《福建师范大学学报》（哲学社会科学版）2023 年第 5 期。

琚文胜：《互联网医疗个人健康医疗数据确权授权分析研究》，《中国卫生信息管理杂志》2023 年第 6 期。

李慧敏：《论数据驱动创新与个人信息保护冲突与平衡——基于对日本医疗数据规制经验的考察》，《中国科学院院刊》2020 年第 9 期。

李进、刘卫东：《浅谈〈民法典〉对电子病历的影响》，《中国卫生法制》2022 年第 5 期。

李维欣、陶艺飞：《大数据时代背景下我国个人信息法律保护研究》，《中国新通信》2021 年第 19 期。

李晓蕾、王猛、刘钰周：《医疗大数据隐私信息泄露途径分析及保护举措》，《现代计算机》2023 年第 16 期。

李亚子、田丙磊、李艳玲等：《医疗健康信息二次利用中安全隐私保护研究》，《医学信息学杂志》2014 年第 9 期。

梁泽宇：《个人信息保护中目的限制原则的解释与适用》，《比较法研究》2018 年第 5 期。

廖伊婕、张静、李平慧等：《医疗大数据安全风险分析及隐私保护设想》，《中国卫生信息管理杂志》2020 年第 5 期。

林鸿潮、赵艺绚：《突发事件应对中的个人信息利用与法律规制——以新冠肺炎疫情应对为切入点》，《华南师范大学学报》（社会科学版）2020 年第 3 期。

林泉、彭承琳、宋文强：《生物传感器的发展及其在生物医学中的应用》，《中国医学装备》2007 年第 4 期。

刘家璞、王子健：《检察公益诉讼介入互联网个人信息保护的路径和措施》，《中国检察官》2021 年第 9 期。

刘乐洋、刘维维：《用户画像在卫生健康领域应用中的研究进展》，《中国健康教育》2023 年第 9 期。

刘练军：《个人信息与个人数据辨析》，《求索》2022 年第 5 期。

刘帅：《在线医疗工具用户个人健康信息保护机制构建》，《中国市场》

2020 年第 1 期。

鲁然：《生物传感器在医学领域中的应用》，《当代医学》2009 年第 24 期。

鲁燕燕、谢红珍：《可穿戴设备在医疗领域的应用》，《中国医疗器械杂志》2017 年第 3 期。

罗澍：《健康档案中的法益冲突与平衡》，《人民论坛》2010 年第 35 期。

马灿：《国内外医疗大数据资源共享比较研究》，《情报资料工作》2016 年第 3 期。

马骋宇、刘乾坤：《移动健康应用程序的隐私政策评价及实证研究》，《图书情报工作》2020 年第 7 期。

满洪杰、郭露露：《可穿戴设备中的个人健康信息保护——以同意为核心的研究》，《法学论坛》2023 年第 2 期。

齐爱民、盘佳：《数据权、数据主权的确立与大数据保护的基本原则》，《苏州大学学报》（哲学社会科学版）2015 年第 1 期。

齐惠颖：《发达国家居民电子健康档案开放隐私保护政策研究》，《医学与社会》2022 年第 2 期。

屈佳：《健康医疗数据治理体系建构的困境及对策》，《医学与社会》2023 年第 12 期。

阮彤、邱加辉、张知行等：《医疗数据治理——构建高质量医疗大数据智能分析数据基础》，《大数据》2019 年第 1 期。

师庆科等：《医疗健康大数据平台建设实施路径探索》，《中国数字医学》2023 年第 1 期。

石会玲、王玲勉、任爱玲等：《电子病历存储归档方法及优势分析》，《护理学报》2009 年第 5 期。

时诚：《疫情防控中个人信息使用的合法性基础》，《图书馆建设》2020 年第 3 期。

宋丁博男、张家豪：《中外数据被遗忘权制度比较研究》，《情报理论与实践》2023 年第 3 期。

粟丹：《隐私保护视角下的个人健康数据监管研究》，《杭州师范大学学报》（社会科学版）2021 年第 1 期。

粟丹：《论健康医疗大数据中的隐私信息立法保护》，《首都师范大学学报》（社会科学版）2019 年第 6 期。

孙鹏、杨在会：《个人信息侵权惩罚性赔偿制度之构建》，《北方法学》
2022 年第 5 期。

田野、张宇轩：《〈民法典〉时代的个人健康信息保护》，《北京航空航天
大学学报》（社会科学版）2021 年第 6 期。

田野：《大数据时代知情同意原则的困境与出路——以生物资料库的个人
信息保护为例》，《法制与社会发展》2018 年第 6 期。

佟巍、张纪梅、佟长青：《生物传感器在医药领域中的应用研究》，《中国
临床康复》2006 年第 5 期。

童峰、张小红、刘金华：《大数据时代个人健康医疗信息的立法保护》，
《情报资料工作》2020 年第 3 期。

万莉：《学术期刊知识交流效率评价及影响因素研究》，《中国科技期刊研
究》2017 年第 12 期。

汪迎春：《大数据时代个人信息安全的风险分析与防范研究》，《信息系统
工程》2022 年第 7 期。

王德夫：《大数据时代下个人信息面临的新风险与制度应对》，《西安交通
大学学报》（社会科学版）2019 年第 6 期。

王立梅：《健康医疗大数据的积极利用主义》，《浙江工商大学学报》2020
年第 3 期。

王利明：《论个人信息删除权》，《东方法学》2022 年第 1 期。

王雪乔：《论欧盟 GDPR 中个人数据保护与“同意”细分》，《政法论丛》
2019 年第 4 期。

魏思婧、毛宁：《欧美国家用户个人信息被遗忘权的法理逻辑差异》，《情
报资料工作》2020 年第 2 期。

翁惠芬：《欧洲跨境医疗服务及其数字化》，《中国卫生资源》2021 年第
6 期。

相丽玲：《中外个人健康医疗数据保护标准比较》，《情报理论与实践》
2022 年第 3 期。

相丽玲：《个人健康医疗信息保护的研究进展与未来趋势》，《情报科学》
2020 年第 6 期。

徐明、韦俨芸：《数字时代医疗人工智能的算法逻辑、风险及其应对》，

《中南民族大学学报》（人文社会科学版）2024 年第 1 期。

徐倩等：《移动医疗 APP 研究现状及启示》，《医学信息学杂志》2015 年
第 9 期。

徐着雨、胡美荣、朱玲等：《突发公共卫生事件中个人健康信息保护研
究》，《中国医学伦理学》2023 年第 4 期。

徐着雨、岳远雷：《医疗人工智能算法风险防范的法治化思考》，《医学与
哲学》2023 年第 11 期。

杨朝晖、简雅娟：《大数据时代数据中间商处理个人健康信息的法律监管
分析》，《信息安全与通信保密》2022 年第 9 期。

杨朝晖：《"数据化"个人健康信息隐私保护的域外立法模式之研究及启
示》，《医学与法学》2021 年第 6 期。

杨朝晖：《美国和欧盟基于个人健康记录隐私和安全的法律框架比较及对
我国的启示》，《医学与社会》2019 年第 11 期。

姚岳绒：《论信息自决权作为一项基本权利在我国的证成》，《政治与法
律》2012 年第 4 期。

尹华容：《个人医疗健康信息的法律界定》，《求索》2023 年第 5 期。

俞成功、丁静：《基于区块链的健康医疗大数据平台构建》，《电子技术与
软件工程》2020 年第 6 期。

张剑、夏启、赵雅萍：《基于区块链技术的电子病历数据存储系统研究》，
《中国医疗设备》2021 年第 7 期。

张垒：《科技期刊知识交流效率评价及影响因素研究》，《中国科技期刊研
究》2014 年第 11 期。

张里安、韩旭至：《"被遗忘权"：大数据时代下的新问题》，《河北法学》
2017 年第 3 期。

张之钰、庄圆：《基于防疫要求收集个人信息的公众态度实证研究——以
健康码的运用为例》，《数据》2022 年第 8 期。

章之言：《健康教育信息平台的设计与应用》，《信息技术与信息化》2020
年第 9 期。

赵君豪：《浅谈可穿戴设备在人体健康监测领域的应用与发展》，《电子世
界》2018 年第 1 期。

郑荣等：《基于微服务架构的多源个人健康信息微服务模式研究》，《情报

理论与实践》2023 年第 12 期。

钟其炎：《澳大利亚电子健康档案全生命周期隐私保护体系及借鉴》，《北京档案》2019 年第 2 期。

钟其炎：《电子健康档案信息泄露通知制度的国际经验及借鉴——基于美国、欧盟、澳大利亚、中国的比较分析》，《档案与建设》2019 年第 1 期。

周姮、张明彭：《大数据时代个人信息安全风险探析——以健康码的应用为例》，《合肥学院学报》（综合版）2021 年第 6 期。

周佳琳、韩傲雪、刘毓炜等：《医疗健康行业数据安全研究》，《中国卫生事业管理》2021 年第 12 期。

朱荣荣：《个人信息保护"目的限制原则"的反思与重构——以〈个人信息保护法〉第 6 条为中心》，《财经法学》2022 年第 1 期。

朱颖：《我国移动 APP 隐私保护政策研究——基于 96 个移动应用 APP 的分析》，《暨南学报》（哲学社会科学版）2017 年第 12 期。

邹凯：《中美比较视野下我国个人健康信息管理的现状、问题及对策》，《图书馆》2020 年第 9 期。

三　学位论文类

陈金蕾：《论个人信息收集中当事人的告知同意原则》，硕士学位论文，南昌大学，2021 年。

付媛媛：《电子健康档案建设研究》，硕士学位论文，安徽大学，2014 年。

顾文静：《论个人信息保护的告知同意原则》，硕士学位论文，中央民族大学，2021 年。

郭文强：《个人信息合理使用制度研究》，硕士学位论文，四川师范大学，2019 年。

韩茜：《医疗共享下的个人健康信息保护研究》，硕士学位论文，河南财经政法大学，2023 年。

孟祯：《个人健康信息的法律保护研究》，硕士学位论文，西南政法大学，2021 年。

庞博：《个人健康信息的保护与利用制度研究——以知情同意规则的改进为切入点》，硕士学位论文，中央财经大学，2022 年。

王富祯:《个人信息保护中目的限制原则的适用》,硕士学位论文,吉林大学,2023年。

王晶晶:《个人信息处理中的知情同意规则研究》,硕士学位论文,北京交通大学,2021年。

杨翱宇:《澳门特别行政区个人资料保护法的文本与实践》,硕士学位论文,西南政法大学,2017年。

张锦:《我国个人健康档案管理制度研究》,硕士学位论文,山西大学,2022年。

张静:《云环境下医疗大数据隐私安全风险评估》,硕士学位论文,云南财经大学,2018年。

四 外文文献类

A Step Forward on Data Sharing and Consent, *The Lancet*, 2014.

Abid, Cheikhrouhou, Kallel, Jmaiel, "NovidChain: Blockchain-based Privacy-preserving Platform for COVID – 19 Test/vaccine Certificates", *Software Pract*, 2022.

Alastair Tempest, "Robinson Lists for Efficient Direct Marketing", *International Direct Marketing*, 2007.

Anmol Arora, "SyntheticPatient Data in Health Care: a Widening Legal Loophole", *The Lancet*, 2022.

Ansar Sonya, Ganesh Kavitha, "An Effective Blockchain-based Smart Contract System for Securing Electronic Medical Data in Smart Healthcare", *Wiley*, 2022.

Bingquan Zhu, "Deepfakes for Medical Video De-Identification: Privacy Protection and Diagnostic Information Preservation", *Association for Computing Machinery*, 2020.

Bonderud D., "WoT Privacy Breach: Trust Tanks as Browser Add-On Caught Selling User Data", *Security Intelligence*, 2016.

Bromley, Berry, Sandra, "Consent: Risks and Obligations in Consent for Participation in a Health Data Repository", *The Journal of Law*, *Medicine & Ethics*, 2020.

Bruce E. , Sollins K. , Vernon M. , "Big Data Privacy Scenarios", *Massachusetts Institute of Technology Computer Science and Articial Intelligence Laboratory Technical Report*, 2015.

Chaoyuan Liu, Xianling Liu et al, "Using Artificial Intelligence (Watson for Oncology) for Treatment Recommendations Amongst Chinese Patients with lung Cancer: Feasibility Study", *Journal Of Medical Internet Research*, 2018.

Cohen-Eliya M. , Porat I. , *Proportionality and Constitutional Culture New York*, Cambridge University Press, 2013.

Den Hartogh, "The role of the Relatives in Opt-in systems of Postmortal Organ-procurement", *Medicine Health Care and Philosophy*, 2015.

Dr. Stephen Weng, *Artificial intelligence can Accurately Predict Future Heart Disease and Strokes, Study Finds*, University of Nottingham Press, 2017.

Dylan Pashley, Piotr Ozieranski, Shai Mulinari, "Disclosure of Pharmaceutical Industry Funding of Patient Organisations in Nordic Countries: Can Industry Self-Regulation Deliver on its Transparency Promise?", *International Journal of Health Services*, 2022.

Fei Yang, Kaili Zheng, "Protecting People with Disabilities' Data Privacy in Government Information Disclosure: Facilitation by Procurator-led Public-interest Litigation", *Disability & Society*, 2023.

Filippo Gibelli, Stefania Turrina, "Medical Error Disclosure in the Italian Healthcare Context: A Delicate Balance Between Ethical Obligations and the Principle of Non-self-incrimination", *Patient Education and Counseling*, 2022.

Grgoire C. , Webber N. , "Proportionality, Balancing, and the Cult of Constitutional Rights Scholarship", *Can J. Law Jurisprud*, 2010.

Jade M. K. , "Australia Would Benefit From US – Style Health Information Security Regulation", *Australian National University Journal of Law and Technology*, 2020.

James Gallagher, "Artificial Intelligence Predicts When Heart Will Fail", *Radiology*, 2017.

Jones W. P. , *Teevan J. Personal Information Management*, University of Washington Press, 2007.

Laura Bradford, Mateo Aboy, "Standard Contractual Clauses for Cross-border Transfers of Health Data after Schrems II", *Journal of Law and the Biosciences*, 2024.

Marriette Katarahweire, "DataClassification for Secure Mobile Health Data Collection Systems", *Development Engineering*, 2020.

Matthew J. Cook, "FacilitatingAccurate Health Provider directories Using Natural Languageprocessing", *Medical Informatics and Decision Making*, 2019.

Mendelson D. , "Legal Protections for Personal Health Information in the Age of Big Data—a Proposal for Regulatory Framework", *Ethics, Medicine and Public Health*, 2017.

Nissenbaum H. , *Privacy in Context: Technology, Policy, and the Intergrity of Social Life*, Stanford Law Books Press, 2010.

R. Shaikh, M. Sasi kumar, "Data Classification for Achieving Security in Cloud Computing", *Procedia Computer Science*, 2015.

Resneck JS Jr, Quiggle A. , Liu M. , Brewster DW, "The accuracy of Dermatologynetwork Physician Directories Posted by Medicare Advantage Health Plansin an Era of Narrow Networks", *JAMA Dermatol*, 2014.

Ricardo Martins Gonçalves, "Olympus: a GDPRCompliant Blockchain System", *International Journal of Information Security*, 2023.

Sheehan J. , Hirschfeld S. , "Improving the Value of Clinical Research through the Use of Common Data Elements", *Clinical Trials*, 2016.

Shi-cho Cha, "A Data-Driven Security Risk Assessment Scheme for Personal Data Protection", *Digital Object Identifier*, 2018.

Sterri A. , Regmi S. , Harris J. , "Improving Organ Retrievalrates: Various proposals and their Ethical Validity", *Health Care Analysis*, 2022.

Tikoo M. , "Assessing the Limitations of the Existing Physician Directory Formeasuring Electronic Health Record (EHR) Adoption Rates Among Physiciansin Connecticut", *Cross-sectional Study*, 2012.

Weidong S. , Hu T, "Secure Sharing of Big Digital Twin Data for Smart Manufacturing Based on Blockchain", *J Manuf Syst*, 2021.

Yiwen Huang, "On the Application of Big Data in National Supervision Work", *Journal of Physics: Conference Series*, 2021.

（五）网络文献类

《阿里健康信息技术有限公司 二零二二年环境、社会及管治报告》，载阿里健康信息技术有限公司官网，https：//www. hkexnews. hk/listedco/listconews/sehk/2022/0705/2022070501288_c. pdf，2024 年 1 月 30 日访问。

《报告：健身跟踪器数据泄露在网上暴露了 6100 万条记录和用户数据》，载百度知道网站，https：//zhidao. baidu. com/question/1186531653700024019. html，2024 年 2 月 14 日访问。

北京德恒（深圳）律师事务所律师：《健康医疗行业数据合规现状》，载知乎网站，https：//zhuanlan. zhihu. com/p/627624132，2024 年 2 月 3 日访问。

大飞哥：《2021 年健康、健身 App 总下载量近 25 亿，未来软硬件的新风口在哪?》载天极网站，https：//wearable. yesky. com/416/725986916. shtml，2024 年 1 月 25 日访问。

《大数据 + 人工智能"破解个性化医疗难题》，载微信公众号"国家超级计算广州中心"2019 年 12 月 13 日，https：//mp. weixin. qq. com/s/Mr89LHSNk4pppUX_jlgUEQ。

《大数据助力流行病学调查》，载微信公众号"拓尔思大数据"2020 年 2 月 24 日，https：//mp. weixin. qq. com/s/WLokKBNbLH7 – 7ErgQmQFaQ。

《方正区域医疗协同系统》，载方正国际软件有限公司网站，http：//wang. sosohit. com/products/info/5589，2024 年 2 月 1 日访问。

《关于深化医疗保障制度改革的意见》，载中华人民共和国中央人民政府网，https：//www. gov. cn/zhengce/2020 – 03/05/content_5487407. htm，2024 年 2 月 5 日访问。

广东省通信管理局：《广东省通信管理局关于下架 3 款侵害用户权益 APP 的通报》，载广东省通信管理局官网，https：//gdca. miit. gov. cn/xwdt/gzdt/art/2021/art_c5f3901def3845e598078f600b7ef516. html，2024 年 2 月 10 日访问。

《广西：加快建设互通共享的健康信息平台》，载微信公众号"e 医疗"
2023 年 6 月 9 日，https：//mp. weixin. qq. com/s/Gmhz‐6toGr8KzPah
excu0A。

国家网络安全通报中心：《公安机关开展 APP 违法采集个人信息集中整
治》，载微信公众号 2019 年 12 月 4 日，https：//mp. weixin. qq. com/s/
smT4RbHsA_x0vIZjEKV_yg。

《国家卫生健康委印发〈医疗机构临床决策支持系统应用管理规范（试
行）〉》，载微信公众号"CHIMA"2023 年 7 月 29 日，https：//mp.
weixin. qq. com/s/p25pMDIFIYA8_XzyqDEngQ。

河北省通信管理局：《省委网信办、省通信管理局关于违法违规收集使用
个人信息的 App 通报（第二批）》，载河北省通信管理局官网，ht-
tps：//hbca. miit. gov. cn/xxgk/wlaq/art/2021/art_5b09d681a8524ec48609
dbf7f3c95825. html，2024 年 2 月 9 日访问。

《HealthNexus：基于 HIPAA 法案的医疗数据平台》，载火讯财经网站，ht-
tps：//huoxun. com/news/3740. html，2024 年 1 月 29 日访问。

《健康医疗数据合规流通标准（T/GDNS 002‐2023）附录 B》，载广东省
计算机信息网络安全协会（CINSA）官方网站，http：//www. cinsa.
org. cn/2023/0901/c33219a517345/page. htm，2024 年 1 月 19 日访问。

江苏省人民政府：《无锡市首批个人涉疫数据销毁》，载江苏省人民政府
官网，https：//www. jiangsu. gov. cn/art/2023/3/2/art_76927_10784995.
html，2024 年 2 月 21 日访问。

《［紧急］这种"病毒"全球大爆发！攻击仍在持续，多所高校已中
招!》，载微信公众号"央视财经"2017 年 5 月 13 日，https：//mp.
weixin. qq. com/s/n1Q_Lqu6jsUHAlWs0Pvwrg。

李黎：《北源研究 | 数据脱敏、加密、假名化、去标识化与匿名化的区
分》，载微信公众号"北源有数"2020 年 9 月 17 日，https：//mp.
weixin. qq. com/s/UCv2UyW-PmbggVfHJdH4BA。

《林更新看病上热搜，医疗信息安全该如何防护?》，载知乎网站，ht-
tps：//zhuanlan. zhihu. com/p/42649521，2024 年 2 月 1 日访问。

《林俊杰于 2019 年 10 月 27 日晚上在音乐会之后因病住进医院》，载微信
公众号"看度时政"，2019 年 10 月 29 日，https：//mp. weixin. qq.

com/s/LI5FxSfLjk8G2MmL3KaP3w。

《目瞪口呆！老板发的"福利"坐垫，竟被发现可监控员工全天作息？》，
载微信公众号"新闻坊"2020年12月25日，https：//mp. weixin. qq.
com/s/1drJj1yJZ17is8rAyM7sDg。

《MIT研发情绪检测仪EQ-Radio：秒懂你的心事》，载搜狐网站，ht-
tps：//www. sohu. com/a/114788965_188123，2024年2月15日访问。

《［祈福］用大数据精准预测地震，每年将有1.3万人免于受难》，载微信
公众号"造就"2017年8月9日，https：//mp. weixin. qq. com/s/4sudP
tMp_KlVsV4mbdtNQA。

秦浩：《大数据驱动的公共政策转型丨改革纵横》，载微信公众号"中国
党政干部论坛"2020年02月22日，https：//mp. weixin. qq. com/s/tyr-
beWTtwjvyBawNcZnyBQ。

《区域卫生信息平台》，载深圳市汇利斯通信息技术有限公司网站，ht-
tp：//wang. sosohit. com/products/info/4185，2024年2月2日访问。

《全球医疗数据或遭大规模泄露，中国涉及近28万条患者记录》，载厦门
天锐科技网站，http：//www. tipray. com/new_cont. php？id=888&lm=
23，2024年1月6日访问。

《认识香港共迎医疗体系的风险管理》，载风险荟讯网站，https：//rmbi.
hkust. edu. hk/sites/default/files/docs/newsletter/RMBI-newsletter07. pdf，
2024年2月2日访问。

《谁来保护患者隐私权？》，载法制周末网站，http：//www. legalweekly.
cn/fzzg/2023 – 12/21/content_8941732. html，2024年2月1日访问。

《市面上几款可穿戴设备心率检测误差分析》，载知乎网站，https：//
zhuanlan. zhihu. com/p/124647801？utm_id=0，2024年2月15日访问。

《数据销毁的几种方法》，载知乎网站，https：//zhuanlan. zhihu. com/p/
574781002，2024年2月20日访问。

《数字中国建设整体布局规划》，载中华人民共和国中央人民政府官网，ht-
tps：//www. gov. cn/zhengce/2023 – 02/27/content _5743484. htm？eqid=
ad458d2c0015b361000000036497e00d，2024年2月22日访问。

《思考大数据——Target超市预测女孩怀孕"大数据"智慧还是愚蠢？》，
载微信公众号"埃文科技"2017年8月5日，https：//mp. weixin. qq.

com/s/eJTdx46iC4FzZN3CqE-NEw。

王莹:《数据脱敏暂无标准 用户信息安全保障缺失》,载第一财经 APP, ht-
tps:∥baijiahao. baidu. com/s? id = 1587941406841285691&wfr = spider&for
=pc, 2024 年 2 月 17 日访问。

《医疗行业的信息安全状况如何?》,载知乎网站, https:∥www. zhihu.
com/question/458794054/answer/2605209964, 2024 年 2 月 12 日访问。

《医院私自检乙肝致小伙被拒录用续:被判赔八千》,载搜狐新闻网站,
https:∥news. sohu. com/20111228/n330542786. shtml, 2024 年 2 月 1 日
访问。

余筱兰:《论法学上的个人信息与个人数据》,载微信公众号"上海市法学
会东方法学", 2022 年 5 月 26 日, https:∥sghexport. shobserver. com/ht-
ml/baijiahao/2022/05/26/752443. html。

张丽英、段佳葆:《厘清数据权属,破解医疗卫生信息"孤岛"难题》,载
人民官方网站, http:∥finance. people. com. cn/n1/2021/0913/c432067 -
32225100. html, 2024 年 1 月 28 日访问。

张梦然:《数据匿名化或难以保护个人隐私》,载中华人民共和国国家互
联网信息办公室官网, https:∥www. cac. gov. cn/2019 - 07/24/c _
1124790603. htm#, 2024 年 2 月 18 日访问。

《智能合约在医疗领域的应用案例介绍》,载电子工程师社区网站, ht-
tps:∥www. elecfans. com/blockchain/1050639. html, 2024 年 1 月 27 日
访问。

中华人民共和国最高人民检察院:《最高人民检察院发布 5 件依法惩治侵
犯公民个人信息犯罪典型案例》,载中华人民共和国最高人民检察院官
网, https:∥www. spp. gov. cn/xwfbh/wsfbt/202212/t20221207 _ 594915.
shtml#1, 2024 年 2 月 13 日访问。

中央网络安全和信息化委员会办公室:《关于 35 款 App 存在个人信息收
集使用问题的通告》,载中央网络安全和信息化委员会办公室官网, ht-
tp:∥www. cac. gov. cn/2020 - 11/17/c _1607178245870454. htm, 2024
年 2 月 3 日访问。

中央网络安全和信息化委员会办公室:《关于做好个人信息保护利用大数
据支撑联防联控工作的通知》,载网信办网站, https:∥www. gov. cn/

xinwen/2020 – 02/10/content_5476711. htm, 2024 年 2 月 8 日访问。

《周海媚抢救病历疑泄露，北京警方已介入，医生解读病因》，载澎湃新闻网站，https：//www. thepaper. cn/newsDetail_forward_25644670，2024 年 2 月 1 日访问。

《周海媚生前病历遭泄露 代表再提公众医疗隐私安全》，载中国财经官方网站，http：//finance. china. com. cn/industry/medicine/20240122/6074792. shtml，2024 年 1 月 6 日访问。

《最高检发布个人信息保护检察公益诉讼典型案例》，载中国普法网，http：//legalinfo. moj. gov. cn/zhfxfzzx/fzzxyw/202303/t20230331 _ 475405. html，2024 年 2 月 7 日访问。

《2019 健康医疗行业网络安全观测报告》，载微信公众号"中国信通院 CAICT"2019 年 8 月 6 日，https：//mp. weixin. qq. com/s/gCbJShz4vo6N Ppd36Qv – MA。

《2023 年数据泄露成本报告》，载微信公众号"报告解读：《2023 年数据泄露成本报告》要点"2023 年 11 月 9 日，https：//mp. weixin. qq. com/s/5vnDZtufd4phwaKI6FVX7Q。

Charles Duhigg：《公司是怎么知道你的秘密的（How Companies Learn Your Secrets）》，载《纽约时报》，http：//www. nytimes. com/2012/02/19/magazine/shopping-habits. html，2024 年 2 月 18 日访问。

Future Is a Digital Thing（March 14，2020），https：//www. 23 gartner. com/doc/3142020/top-strategic-predictions-futuredigital.

Health Level Seven International，Security levels（July 24，2016），http：//www. hl7. org/fhir/documentation. html.

Identity Theft Resource Center（ITRC）（February 1，2018）. Data Breaches，https：//www. idtheftcenter. org/data-breaches.

Munro，D. Data breaches in healthcare totaled over 112 million records in 2015（December 31，2015），https：//www. forbes. com/sites/danmunro/2015/12/31/.

Opinion on the concept of personal data，http：//ec. europa. eu/justice/data-protection/article – 29/documentation/opinion-recommendation/files/2007/wp136_en. pdf.

Policy for Device Software Functions and Mobile Medical Applications, FDA (28 September2022), https: //www. fda. gov/regulatory-information.

Protection of individuals with regard to the processing of personal data (February 12, 2014), http: //www. europarl. europa. eu/sides/getDoc. do? type = TA&language = EN&reference = P7 – TA – 2014 – 0212.

Taiwan Ministry of Justice. Personal Information Protection Act (July 12, 2015), https: //law. moj. gov. tw/Eng/LawClass/LawAll. aspx? PCode = I0050021.

The HIPAA privacy rule (January 6, 2016), http: //www. hhs. gov/hipaa/for-professionals/privacy/index. html.